MARX E ENGELS
MANIFESTO COMUNISTA
LÊNIN
TESES DE ABRIL

— INTRODUÇÕES DE **TARIQ ALI** —

© da tradução do Manifesto Comunista, Boitempo, 1998
© da tradução do Prefácio à Edição Inglesa de 1888, Boitempo, 1998
© da tradução das Teses de Abril, Boitempo, 2005
© da tradução das Cartas de Longe, Boitempo, 2005
© dos textos introdutórios, Tariq Ali, 2016

Direção editorial	Ivana Jinkings
Edição	Bibiana Leme
Assistência editorial	Thaisa Burani
Tradução	Álvaro Pina e Ivana Jinkings (dos textos de Karl Marx e Friedrich Engels)
	Caco Ishak (dos textos de Tariq Ali)
	Daniela Jinkings (dos textos de Vladímir Ilitch Lênin)
Transliteração de palavras e nomes russos	Paula Vaz de Almeida
Preparação	Mariana Tavares
Revisão	Thaís Nicoleti de Camargo
Coordenação de produção	Livia Campos
Capa	Ronaldo Alves
Diagramação	Crayon Editorial

Equipe de apoio: Allan Jones / Ana Yumi Kajiki / Artur Renzo / Camila Nakazone / Camilla Rillo / Eduardo Marques / Elaine Ramos / Frederico Indiani / Heleni Andrade / Isabella Barboza / Isabella Marcatti / Ivam Oliveira / Kim Doria / Marlene Baptista / Maurício Barbosa / Renato Soares / Thaís Barros / Tulio Candiotto

CIP-BRASIL. CATALOGAÇÃO NA PUBLICAÇÃO
SINDICATO NACIONAL DOS EDITORES DE LIVROS, RJ

M355m

Marx, Karl, 1818-1883
  Manifesto Comunista; Teses de abril / Karl Marx e Friedrich Engels ; Vladímir Ilitch Lênin ; Com textos introdutórios de Tariq Ali. - 1. ed. - São Paulo : Boitempo, 2017.

  Tradução de: Das kommunistische manifest/Aprelskiye tezisy
  ISBN 978-85-7559-578-7

  1. Comunismo. 2. Socialismo. I. Engels, Friedrich, 1820-1895. II. Lênin, Vladímir Ilitch, 1870-1924.

17-44109
CDD: 335.422
CDU: 330.85

É vedada a reprodução de qualquer
parte deste livro sem a expressa autorização da editora.

1ª edição: setembro de 2017; 1ª reimpressão: fevereiro de 2020;
2ª reimpressão: setembro de 2020; 3ª reimpressão: julho de 202;
4ª reimpressão: maio de 2023

BOITEMPO
Jinkings Editores Associados Ltda.
Rua Pereira Leite, 373
05442-000 São Paulo SP
Tel.: (11) 3875-7250 / 3875-7285
editor@boitempoeditorial.com.br
boitempoeditorial.com.br | blogdaboitempo.com.br
facebook.com/boitempo | twitter.com/editoraboitempo
youtube.com/tvboitempo | instagram.com/boitempo

SUMÁRIO

Nota da edição brasileira 7
MANIFESTO COMUNISTA 9
Introdução – *Tariq Ali* 11
Manifesto Comunista – *Karl Marx e Friedrich Engels* 21
Prefácio à edição inglesa de 1888 – *Friedrich Engels* 53

TESES DE ABRIL 59
Introdução – *Tariq Ali* 61
Sobre as tarefas do proletariado na presente revolução
(Teses de abril) – *Vladímir Ilitch Lênin* 69
Cartas de longe (7 a 26 de março de 1917) – *Vladímir Ilitch Lênin* ... 75

Jules Adler, *La grève au Creusot*, 1899.

NOTA DA EDIÇÃO BRASILEIRA

A tradução do *Manifesto do Partido Comunista* foi feita por Álvaro Pina, a partir da edição alemã de 1890 (prefaciada e anotada por Friedrich Engels), para as edições Avante! (Lisboa). A tradução portuguesa foi publicada pela primeira vez em 1975, com introdução e notas de Vasco Magalhães-Vilhena, e revista e complementada em 1997, por José Barata-Moura. A versão final, consolidada por Ivana Jinkings, foi publicada pela Boitempo em 1998 e passou por um cotejamento minucioso com a versão inglesa de Samuel Moore, revisada, prefaciada e anotada por Engels (Harmondsworth, Penguin, 1967); com a tradução francesa de E. Bottigelli (Paris, Aubier-Montaigne, 1971); e com a italiana de Antonio Labriola (Milão, Avanti!, 1960). O texto foi confrontado, ainda, com duas edições brasileiras: a de 1986 (São Paulo, Novos Rumos; introdução de Edgard Carone) e a de 1988 (Petrópolis, Vozes; tradução de Marco Aurélio Nogueira e Leandro Konder).

A tradução dos artigos de V. I. Lênin foi feita por Daniela Jinkings a partir das *Obras escogidas* (Moscou, Progreso, 1976), volumes VI e VII, em espanhol, e cotejada com os originais russos (*Izbrannye proizbedenia v trekh tomakh* [Obras escolhidas em três tomos] (Moscou, Izdatelstvo Polititheskoi Literatury [Editora de Literatura Política], 1970) e com a edição inglesa publicada pela editora Verso. A versão atual foi publicada no livro *Às portas da revolução: escritos de Lênin de 1917*, de Slavoj Žižek (São Paulo, Boitempo, 2005).

Os textos introdutórios de Tariq Ali foram publicados em *The Communist Manifesto/ The April Theses* (Nova York/ Londres, Verso, 2016); sua tradução foi feita do inglês por Caco Ishak, especialmente para esta edição.

Em todos os textos, as notas de rodapé numeradas são dos próprios autores; aquelas indicadas por asteriscos são da edição, quando acompanhadas de "(N. E.)", ou da tradução, quando acompanhadas de "(N. T.)".

É importante lembrar que, à época da Revolução de Outubro, a Rússia utilizava o calendário juliano, cuja diferença em relação ao calendário gregoriano era ajustada periodicamente. No caso das datas consideradas nesta obra, a diferença é de doze dias a menos ao longo do século XIX e de treze dias a menos no século XX, até 1918, quando a URSS passou a adotar o calendário gregoriano.

Por fim, outra questão a se observar é o nome da cidade de São Petersburgo: de 1703, data de sua fundação por Pedro, o Grande, até 1914, foi chamada de São Petersburgo; de 1914 até 1924, de Petrogrado; de 1924 até 1991, de Leningrado; e, de 1991 em diante, voltou a se chamar São Petersburgo.

setembro de 2017

MANIFESTO COMUNISTA
Karl Marx e Friedrich Engels

Karl Marx e Friedrich Engels, por Nikolai Jukov.

INTRODUÇÃO*

Tariq Ali

> [No] famoso apólogo de Bertolt Brecht, *O alfaiate de Ulm* [, o] artesão, obcecado pela ideia de construir um aparelho que permitisse ao homem voar, um dia, convencido de ter alcançado seu objetivo, apresentou-se ao bispo e disse: "Aqui está: posso voar". O bispo conduziu-o até a janela do alto palácio e desafiou-o a demonstrar. O alfaiate lançou-se e, obviamente, espatifou-se nos ladrilhos. Todavia, comenta Brecht, alguns séculos depois os homens realmente conseguiram voar.
>
> Lucio Magri, *O alfaiate de Ulm***

O *Manifesto* é o último grande documento do Iluminismo europeu e o primeiro a registrar um sistema de pensamento completamente novo: o materialismo histórico. Como tal, marca tanto uma continuação quanto uma ruptura. Infinitamente mais radical do que seus predecessores franceses e estadunidenses, escritos em uma época em que o impacto de uma enorme derrota política começava a esvaecer, foi o produto de duas jovens mentes alemãs, dois intelectuais na casa dos vinte anos, ambos instruídos na tradição filosófica hegeliana que dominava Berlim e outras universidades da Alemanha durante a primeira metade do século XIX. Tal texto representou um grande ponto de inflexão na teoria e na prática revolucionárias dos últimos dois séculos, insistindo, com efeito, que a revolução é consequência inevitável do capitalismo em sociedades industrializadas modernas.

---

* Tradução de Caco Ishak. (N. E.)
** Ed. bras.: trad. Silvia de Bernardinis, São Paulo, Boitempo, 2014, p. 19. (N. E.)

Ocasionalmente, os debates filosóficos na Alemanha deixaram marcas bem mais horrendas do que as cicatrizes dos duelos de então. Foi a evolução da filosofia que levou ao nascimento de um novo ambiente radical de esquerda, no qual Marx e Engels desempenharam um papel expressivo. Todos os seus textos, em especial este, devem ser estudados no contexto social, econômico e filosófico do período em que foram escritos. Encará-los como tratados de devoção seria depreciar tanto o significado quanto o método e, no caso do *Manifesto*, torná-lo inofensivo. Os preceitos e prognósticos estão obviamente datados, e o capitalismo em si, apesar do triunfo de 1991, parece mais um distúrbio nervoso do que um organismo capaz de levar a humanidade adiante. Precisamos desesperadamente de um novo manifesto que vá ao encontro dos desafios atuais e daqueles por vir, mas até lá (e mesmo depois) há muito que aprender do método, do elã e da linguagem deste.

A política foi decisiva no sentido de impulsionar a radicalização ulterior da jovem *intelligentsia* alemã do século XIX. Não havia opção. Ou se uniam a Hegel, ou teriam de superá-lo. O período inaugurado pela Revolução Francesa em 1789 havia chegado ao fim com a derrota de Napoleão em Waterloo, em 1815. O Congresso de Viena, convocado mais tarde naquele mesmo ano, havia aprovado um mapa da Europa e discutido mecanismos por meio dos quais dissidentes poderiam ser controlados e destruídos. O Tratado de Viena seria policiado pela Rússia, pela Prússia e pela Áustria, com a Marinha britânica fazendo as vezes de um pano de fundo sempre confiável, uma arma em último caso[1]. O triunfo da reação fomentou o recuo da frente intelectual. Hegel, o teórico da mobilidade permanente, insistia que a história nunca era estática, sendo ela mesma o resultado de uma conjunção de ideias, uma dialética na qual passado e presente determinavam o futuro. A história, insistia, era inevitável, imprevisível e, sobretudo, irrefreável. Abalado pela derrota em Waterloo, ele então aceitava o "fim da história". O outrora dinâmico "espírito mundano" havia deixado de lado a casaca, o chapéu e a bandeira tricolor de Napoleão em prol dos capacetes de aço e da águia dos *Junkers* prussianos. O marechal de campo Blücher havia derrotado o

---

[1] Vale lembrar que a poderosa frota britânica foi fruto da Commonwealth e da Revolução Inglesa. Rotas mercantes precisavam de proteção, e os comerciantes da capital de bom grado patrocinaram uma força marítima potente capaz de desafiar tanto piratas quanto holandeses. Rememorando a história durante a Segunda Guerra Mundial, Churchill reconheceu a dívida para com Cromwell e recordou que, como primeiro lorde do almirantado, teve a intenção de batizar um navio de guerra de *Cromwell*, mas a opinião de George V prevaleceu. Na Segunda Guerra Mundial, evidentemente, ele se encontrava em uma posição mais forte; no entanto, o destróier classe-C não foi concluído antes do fim do conflito e, no ano seguinte, foi vendido para a Noruega.

arrivista corso. Uma Prússia triunfante bem poderia ser um Estado-modelo, confinando o processo histórico a um eterno mausoléu. Não foi o caso.

Para além de todo o resto, embora 1815 tenha imposto um silêncio à Revolução Francesa, suas conquistas sociais e jurídicas foram essencialmente mantidas: os Estados feudais não foram restituídos aos antigos lordes[2]. O impacto libertador da revolução subsistiu na memória do povo, e não apenas na França. A máxima de Rousseau não foi esquecida: "Estareis perdidos se esquecerdes que os frutos são de todos e que a terra não pertence a ninguém"*.

Alguns dos mais talentosos pupilos e discípulos de Hegel, inclusive nossos dois autores, acompanharam os acontecimentos na França nos mínimos detalhes. Estavam cientes da "Conspiração dos Iguais" que se sucedera à revolução. A tentativa de estabelecer uma "Vendeia plebeia" fora derrotada e seus artífices babovistas**/comunistas, executados. François Babeuf (que havia adotado o pseudônimo Graco) se esfaqueara a fim de escapar da execução em 26 de março de 1797. Essas histórias vibrantes, bem como aquelas da revolução em si, foram avidamente devoradas por jovens radicais na Alemanha e em outros locais. Sociedades secretas, ações clandestinas, resistência, atos de violência individual eram práticas correntes. Jamais cessaram os debates sobre o que havia acontecido com a "segunda revolução" na França após a derrota de Robespierre para a Reação Termidoriana. Era, afinal de contas, a linguagem dos radicais, repudiada pelo Diretório e por Napoleão, antecipando as exigências que mais tarde tomariam o continente: sufrágio universal, separação entre Igreja e Estado, certa redistribuição de renda.

É por isso que, a despeito da ruptura com o Hegel pós-1815, os radicais alemães, considerando suas conclusões deficientes, continuaram a usar elementos importantes de seu método para investigar o mundo. A fertilidade intelectual não chegou ao fim com a saída de cena do mestre, e seus frutos aumentaram tanto em volume quanto em conteúdo. Feuerbach virou Hegel do avesso, refutando a noção de que ideias determinavam o ser. Insistia no oposto: era o ser

---

[2] Não houve no século XIX um equivalente para a *Treuhandanstalt*, estabelecida após a queda do Muro de Berlim, em 1990, a fim de privatizar as propriedades estatais na antiga República Democrática Alemã e devolver os bens às famílias *Junkers*. Na França pós-1815, as propriedades nacionais não foram restituídas aos antigos donos e, embora algumas tenham sido distribuídas injustamente a novos ricos, vários avanços revolucionários foram salvaguardados. Hoje, o contraste com a Europa oriental não poderia ser mais impressionante.

* "Discurso sobre a origem e os fundamentos da desigualdade entre os homens", em *Rousseau* (2. ed., trad. Lourdes Santos Machado, São Paulo, Abril Cultural, 1978, Coleção Os Pensadores), p. 259. (N. E.)

** Os babovistas são os discípulos da Conspiração dos Iguais ou igualitaristas, que seguiram os preceitos de Babeuf. (N. E.)

que determinava a consciência. Outro precoce hegeliano de esquerda reforçou a crítica. Marx articulou diferenças sociais e de classe que existiam no seio da sociedade como um todo. Poderiam estas, indagou ele, ter algo a ver com a diferença de *status* entre o rei da Prússia, um camponês da Mosela e um operário fabril? O que produzia o conjunto das relações sociais que enfatizava a distinção entre uma classe e outra? Era isso o que precisava ser investigado e mapeado mais a fundo, de maneira a entender como o mundo funcionava. Não era o bastante denunciar a propriedade como roubo ou declarar que os humanos eram produto do seu meio. Quem poderia imaginar que o "espírito mundano", expulso da própria pátria por reações exaltadas, acabaria, graças a Marx e Lênin, por chegar a Petrogrado e Moscou e, mais tarde, por viajar rumo a outros continentes, misturando-se com espíritos nativos?

Uma onda de repressão logo se abateu sobre diferentes regiões do continente europeu. Os governantes entraram em pânico com o ressurgimento da bandeira tricolor na França, e a polícia secreta reportou um descontentamento crescente em diversas outras partes do país. O Leste estava amplamente ocupado, a contragosto, pelos Impérios Austro-Húngaro e Russo. Aqui, um clima de nacionalismo radical, um desejo de autodeterminação e independência ganhavam popularidade. A euforia gerada pelo Congresso de Viena havia esmaecido – de todo modo, nunca chegou a arrebatar as massas –, e várias formas de dissidência começavam a despontar na forma de luta de classes, apelos democráticos e nacionalismo radical; o humor das elites europeias se tornou sombrio (não muito diferente do observado nos encontros entre ricos e poderosos em Davos e alhures após a quebra de Wall Street, em 2008). Mesmo a menor resistência era encarada como uma ameaça à nova ordem, e os já limitados direitos políticos foram ainda mais mutilados, culminando em severas restrições às liberdades de imprensa, de expressão e de ação. Marx foi forçado ao exílio, primeiro na França, depois na Bélgica e, finalmente, na Inglaterra. A família de Engels já possuía uma empresa em Manchester, portanto sua opção de exílio foi predeterminada. Outros colegas abandonaram a Europa e migraram para os Estados Unidos, onde permaneceram ativos e mantiveram contato regular com seus companheiros no Velho Continente. Muitos fizeram forte pressão para que Marx se mudasse para os Estados Unidos. Ele resistiu por razões políticas, vislumbrando a Europa ocidental – o mais avançado segmento do capitalismo – como o epicentro das revoluções vindouras.

Marx teria preferido viver na França, país que se tornara um polo de atração intelectual e política enquanto ele ainda crescia em Trier. Leu os trabalhos do conde de Saint-Simon com um misto de fascínio e empolgação, e foi em tais escritos que se deparou pela primeira vez com o socialismo enquanto palavra e conceito embrionário. A tradição socialista na França só se tornaria profundamente enraizada quando a industrialização do país propiciasse os vínculos entre ideias radicais e o surgimento de uma nova camada social. Uma burguesia receosa não ignorava esse fato, razão pela qual havia introduzido as leis de setembro de 1835, que tão severamente cercearam as funções dos júris e da imprensa. Aqueles que protestaram contra a propriedade privada ou o Estado foram submetidos a duras penas. As revoluções burguesas retomavam as próprias palavras de ordem, e a nova burguesia – os "ultras", tão desprezados por Stendhal – teve de ser confrontada e vencida. Isso implicou superar os limites da filosofia alemã; Hegel e Feuerbach já não bastavam. Pois, se o progresso significativo deveria ser alcançado, as limitações óbvias das elites abastadas na Europa moderna (Inglaterra, França, Bélgica e Holanda) deveriam ser igualmente superadas.

Em um esclarecedor ensaio publicado quatro anos antes de o *Manifesto* ser escrito, Marx argumentou que "a arma da crítica não pode, é claro, substituir a crítica da arma, o poder material tem de ser derrubado pelo poder material, mas a teoria também se torna força material quando se apodera das massas"[3]. Tanto para ele quanto para Engels, era a superação "positiva" da religião que tornava os seres humanos verdadeiramente radicais, pois só assim poderiam tornar-se autossuficientes, só assim seriam capazes de entender que eles, e apenas eles, eram os seres supremos. O maior ponto de referência era, obviamente, a Revolução Francesa, mas esses novos radicais se mostravam bastante conscientes da história alemã em que estavam inseridos. Se, durante a Reforma alemã, foi um monge que tomou a iniciativa de desafiar Roma, era um filósofo que então haveria de desafiar os novos poderes. A fim de se tornar plenamente emancipada, a Alemanha teve de superar o que a Inglaterra, a Holanda e a França já haviam conquistado.

O *Manifesto* foi encomendado como o programa fundador da Liga dos Comunistas, formada em grande parte por exilados alemães e alguns simpatizantes belgas e britânicos que se reuniram em Londres no verão de 1847. O Comitê Central instruiu Marx, então em Bruxelas, a produzir um manifesto. Marx aceitou, mas não encarou a missão como uma prioridade. Considerava mais fácil

---

3   Karl Marx, "A Contribution to the Critique of Hegel's Philosophy of Right. Introduction", em *Early Writings* (trad. Rodney Livingstone e Gregor Benton, Londres, Penguin, 1974), p. 243 [ed. bras.: "Crítica da filosofia do direito de Hegel – Introdução", em *Crítica da filosofia do direito de Hegel*, 3. ed., trad. Rubens Enderle e Leonardo de Deus, São Paulo, Boitempo, 2013, p. 157].

concluir textos quando havia um prazo rigoroso. Poucos meses depois, um triunvirato ligeiramente irritado – os civis Karl Schapper, Heinrich Bauer e Joseph Moll – de fato sugeriu uma data-limite e ameaçou represálias caso esta não fosse respeitada:

> Por meio deste, o Comitê Central [em Londres] orienta que o Comitê Distrital de Bruxelas notifique o Cidadão Marx de que, caso o Manifesto do Partido Comunista, que no último Congresso ele aceitou elaborar, não esteja em Londres antes de terça-feira, 1º de fevereiro [1848], novas medidas serão tomadas contra ele. No caso de o Cidadão Marx não escrever o Manifesto, o Comitê Central requer a devolução imediata dos documentos que lhe foram entregues pelo Congresso.

Eles tinham razão em estar aborrecidos. As informações que chegavam de várias capitais europeias revelavam uma insatisfação fervilhante com o Tratado de Viena de 1815, especialmente entre a classe trabalhadora. Um recrudescimento democrático foi previsto para a Alemanha. Os cidadãos estavam desesperados por um manifesto que pudesse tanto expressar as esperanças quanto canalizar a energia política dos trabalhadores. O que diabos, então, Marx andava fazendo? Para ser justo, ele vinha se dedicando ao documento, mas era constantemente interrompido por intelectuais e trabalhadores alemães ansiosos por discutir a situação do país. De maneira instintiva, Marx estava ciente de que tal documento gozava de certa importância. Por essa razão, cada palavra deveria ser ponderada com cuidado, cada frase revisada à perfeição. Era exatamente no que ele e Engels se empenhavam e, como muitos já observaram, foi isso o que conferiu ao texto sua força literária tão persuasiva.

A versão final foi concluída na primeira semana de fevereiro de 1848 e ainda cheirava a tinta, recém-saída do prelo, quando a Revolução de 1848 estourou na França e se espalhou rapidamente pelo resto do continente. O *Manifesto* nada teve a ver com os preparativos nem com o fomento das lutas, mas foi amplamente difundido e lido por aqueles que desempenharam um papel de liderança ou participaram das revoltas que incendiaram a Europa naquele ano. Nas décadas seguintes, viria a se tornar o documento fundador de fato da maioria dos partidos social-democratas, sendo a Inglaterra (intocada por 1848) a exceção mais importante. Nenhum partido do gênero chegou a existir nos Estados Unidos, onde o *Manifesto* foi publicado pela primeira vez na imprensa de língua alemã, em Chicago, em 1872.

Em fevereiro de 1848, ambos os anglo-imperialismos estavam em marcha. Os britânicos haviam derrotado o Exército sique no mês anterior e vinham consolidando seu domínio sobre o norte da Índia. Poucas décadas antes, mais ao sul, haviam aniquilado o sultão Tipu, o erudito soberano muçulmano de Maiçor, que, assinando como "Cidadão Tipu", apelara a Napoleão por apoio contra os britânicos. Ninguém se apresentou, embora cartas amigáveis tenham sido trocadas[4].

Nos Estados Unidos, o presidente belicista Polk vinha confiscando terras mexicanas – as Califórnias e o Novo México – e considerava tomar o país inteiro[5]. Os civis menos privilegiados da nação também estavam envolvidos em conquistas e se encontravam imunes à mensagem mais radical do *Manifesto*. Porém, enquanto instrumentos do capitalismo expansionista, eles estavam cumprindo as previsões de como esse novíssimo modo de produção varreria tudo o que se colocasse em seu caminho: populações nativas, países inteiros, costumes antigos. A questão jamais suscitada era se aqueles que trabalhavam e morriam por tal sistema poderiam tornar-se seus coveiros. Presumiu-se que sim, o que nunca aconteceu. Apesar das diferenças entre tradições históricas, nenhum Estado imperialista – Inglaterra, França, Holanda, Bélgica ou Estados Unidos – chegou perto de uma revolução socialista. A Alemanha, aspirante a potência hegemônica, de fato veio a experimentar sérias revoltas, mas, em última análise, o capital assegurou o triunfo da direita. A associação entre o capital e o fascismo de massas ensejou a destruição de toda e qualquer esperança na Itália e na Alemanha. A inevitabilidade histórica acabou por se revelar o ponto fraco do documento.

O que se pode dizer sobre sua linguagem que já não tenha sido dito? Muito pouco. Em uma introdução ao panfleto anterior a esta, Eric Hobsbawm mostrou como alguns de seus aspectos mais atraentes residiam em sua "convicção apaixonada, sua brevidade concisa, sua força intelectual e estilística [...], em frases lapidares quase que naturalmente se transmutando nos aforismos memoráveis que se tornaram conhecidos para muito além do universo do debate político". Ele observou quão raro isso era na literatura alemã do século XIX[6]. Conforme

---

4 O general britânico que derrotou o sultão Tipu em 1799 foi Arthur Wellesley. Em uma reencarnação posterior (como duque de Wellington), ele também acertaria as contas com Napoleão, em 1815.

5 Não chegou a fazê-lo por razões contingenciais, confidenciando ao seu diário em 21 de fevereiro de 1848: "A maioria de uma ramificação no Congresso se opõe à minha administração. Acusam de modo leviano que a guerra foi desencadeada e vem sendo mantida por mim visando à conquista do México, e se eu porventura vier a rejeitar um tratado estabelecido segundo meus próprios termos, tal qual o autorizado em abril passado, com a aprovação unânime do Gabinete, é bem provável que o Congresso não conceda homens nem verba para darmos seguimento à guerra. Caso tal seja o resultado, o Exército ora no México viria constantemente a definhar e a escassear em contingente, e eu poderia enfim ser compelido a retirar as tropas e, então, perder as duas províncias do Novo México e da Alta Califórnia, que foram cedidas aos Estados Unidos por meio do tratado em questão". Tratava-se de uma interpretação semi-hegeliana da dialética das conquistas imperiais: deveríamos seguir adiante, tendo pleno conhecimento de que há uma séria possibilidade de perdermos o que já alcançamos? A febre do ouro de 1849 justificou a decisão de Polk. Caso as fronteiras tivessem sido alargadas, os então 100 mil garimpeiros gringos talvez encontrassem as minas já ocupadas.

6 Eric Hobsbawm, "Introduction", em Karl Marx e Friedrich Engels, *The Communist Manifesto: A Modern Edition* (Londres/Nova York, Verso, 2012), p. 15.

Lênin sugeriu, o conteúdo era uma síntese notável da filosofia alemã, da economia inglesa e da política francesa que moldaram o pensamento de seus dois autores. O elogio lírico da capacidade transformadora do capitalismo, que havia "realizado maravilhas, superando em muito as pirâmides egípcias, os aquedutos romanos e as catedrais góticas", servia para enfatizar o que o sucessor do capitalismo seria capaz de alcançar. As novas maravilhas do mundo eram orgulhosamente asseveradas a fim de demonstrar a marcha adiante da história:

> A burguesia, em seu domínio de classe de apenas um século, criou forças produtivas mais numerosas e colossais do que todas as gerações passadas em seu conjunto. A subjugação das forças da natureza, as máquinas, a aplicação da química na indústria e na agricultura, a navegação a vapor, as estradas de ferro, o telégrafo elétrico, a exploração de continentes inteiros, a canalização dos rios, populações inteiras brotando da terra como por encanto – que século anterior teria suspeitado que semelhantes forças produtivas estivessem adormecidas no seio do trabalho social?

Poderia uma revolução socialista construída sobre tais alicerces transformar o "domínio da necessidade" no "domínio da liberdade"? A história sustentou pouquíssimas das previsões contidas no *Manifesto*. A força do texto reside em sua extensão global, um chamado para transformar o mundo. Mas divisões no interior do proletariado – categorias salariais, exércitos de reserva de desempregados, religião, nacionalismo etc. – nas regiões centrais do capital, conforme Marx depois reconheceu na maioria dos casos, não eram algo que pudesse ser facilmente eliminado. A sociologia era insuficiente. A política era essencial. Notoriamente, Marx e Engels não deixaram esquema algum que detalhasse como uma sociedade socialista ou comunista deveria ser, o que levou os marxistas acadêmicos a declarar que a originalidade de Marx residia em sua filosofia e economia. Outros se valeram de seus panegíricos que celebravam a capacidade revolucionária do capital para arguir que os coveiros eram os próprios capitalistas. Melhor seria observar de longe enquanto estes cometiam suicídio coletivo. Mais recentemente, antes da quebra de Wall Street em 2008, um número nada insignificante de outrora marxistas comemorou a mais recente "globalização" como uma vindicação de Marx. Então, tornaram-se seus porta-vozes e viraram a casaca com a consciência limpa, encarando 2008 como um sinal temporário que logo seria superado e esquecido. A crise trouxe Marx de volta à ribalta. Não o coautor do *Manifesto Comunista*, mas o Marx d'*O capital**, que analisou meticulosamente tal modo de produção em mais detalhes do que qualquer um antes ou depois.

---

* Ed. bras.: *O capital: crítica da economia política*, Livros I-III (trad. Rubens Enderle, São Paulo, Boitempo, 2013-2017). (N. E.)

Questões subsistiram. O que dizer sobre aqueles países que constituíam grande parte do mundo, onde o proletariado foi apequenado por outras camadas sociais e acabou por demais insignificante econômica, social e politicamente? Poderia o proletariado ter desencadeado por si uma revolução, quando as forças avassaladoras da sociedade lhe eram contrárias? Tal ponto seria calorosamente debatido nas sociais-democracias internacionais durante o período que levou à primeira guerra interimperialista em grande escala, entre os anos de 1914 e 1918. Dentre os participantes, figurava Lênin. Ele compreendia Marx melhor do que a maioria. Também percebera algo que escapava aos seus camaradas europeus: em tempos de crise severa, o "elo mais fraco da corrente capitalista" seria o primeiro a se quebrar, provocando um colapso mais geral do sistema. Em abril de 1917, entre as duas revoluções que transformaram a Rússia tsarista durante a primeira guerra imperialista, ele escreveu uma série de teses, exortando o próprio partido a fazer os preparativos necessários para uma revolução social – teses estas que estão incluídas na parte final deste livro. Por outro lado, sem a Revolução Russa de novembro de 1917, o *Manifesto Comunista* acabaria confinado às bibliotecas especializadas em vez de rivalizar com a Bíblia como o texto mais traduzido na história moderna.

Paris, maio de 2016

Capa da primeira edição do *Manifesto do Partido Comunista* publicada em Londres, no final de fevereiro de 1848.

MANIFESTO COMUNISTA*

Karl Marx e Friedrich Engels

Um espectro ronda a Europa – o espectro do comunismo. Todas as potências da velha Europa unem-se numa Santa Aliança para conjurá-lo: o papa e o tsar, Metternich e Guizot, os radicais da França e os policiais da Alemanha.

Que partido de oposição não foi acusado de comunista por seus adversários no poder? Que partido de oposição, por sua vez, não lançou a seus adversários de direita ou de esquerda a pecha infamante de comunista?

Duas conclusões decorrem desses fatos:

1ª: O comunismo já é reconhecido como força por todas as potências da Europa.

2ª: É tempo de os comunistas exporem, abertamente, ao mundo inteiro, seu modo de ver, seus objetivos e suas tendências, opondo um manifesto do próprio partido à lenda do espectro do comunismo.

Com este fim, reuniram-se, em Londres, comunistas de várias nacionalidades e redigiram o manifesto seguinte, que será publicado em inglês, francês, alemão, italiano, flamengo e dinamarquês.

---

* Tradução de Álvaro Pina e Ivana Jinkings. (N. E.)

I. Burgueses e proletários[1]

A história de todas as sociedades até hoje existentes[2] é a história das lutas de classes.

Homem livre e escravo, patrício e plebeu, senhor feudal e servo, mestre de corporação[3] e companheiro, em resumo, opressores e oprimidos, em constante oposição, têm vivido numa guerra ininterrupta, ora franca, ora disfarçada; uma guerra que terminou sempre ou por uma transformação revolucionária da sociedade inteira, ou pela destruição das duas classes em conflito.

Nas mais remotas épocas da história, verificamos, quase por toda parte, uma completa estruturação da sociedade em classes distintas, uma múltipla gradação das posições sociais. Na Roma antiga, encontramos patrícios, cavaleiros, plebeus, escravos; na Idade Média, senhores, vassalos, mestres das corporações, aprendizes, companheiros, servos; e, em cada uma dessas classes, outras gradações particulares.

A sociedade burguesa moderna, que brotou das ruínas da sociedade feudal, não aboliu os antagonismos de classe. Não fez mais do que estabelecer novas classes, novas condições de opressão, novas formas de luta em lugar das que existiram no passado.

Entretanto, a nossa época, a época da burguesia, caracteriza-se por ter simplificado os antagonismos de classe. A sociedade divide-se cada vez mais em dois campos opostos, em duas grandes classes em confronto direto: a burguesia e o proletariado.

Dos servos da Idade Média nasceram os moradores dos primeiros burgos; dessa população municipal saíram os primeiros elementos da burguesia.

---

[1] Por burguesia entende-se a classe dos capitalistas modernos, proprietários dos meios de produção social que empregam o trabalho assalariado. Por proletariado, a classe dos assalariados modernos que, não tendo meios próprios de produção, são obrigados a vender sua força de trabalho para sobreviver. (Nota de F. Engels à edição inglesa de 1888.)

[2] Isto é, toda a história escrita. A Pré-História, organização social anterior à história escrita, era desconhecida em 1847. Mais tarde, Haxthausen [August von, 1792-1866] descobriu a propriedade comum da terra na Rússia, Maurer [Georg Ludwig von, 1790-1872] mostrou ter sido essa a base social da qual as tribos teutônicas derivaram historicamente e, pouco a pouco, verificou-se que a comunidade rural era a forma primitiva da sociedade, desde a Índia até a Irlanda. A organização interna dessa sociedade comunista primitiva foi desvendada, em sua forma típica, pela descoberta de Morgan [Lewis Henry, 1818-1881] da verdadeira natureza da gens e de sua relação com a tribo. Após a dissolução dessas comunidades primitivas, a sociedade passou a dividir-se em classes distintas. Procurei traçar esse processo de dissolução na obra *Der Ursprung der Familie, des Privatergenthums und des Staats* [*A origem da família, da propriedade privada e do Estado*] (2. ed., Stuttgart, 1866). (Nota de F. Engels à edição inglesa de 1888.)

[3] O mestre de corporação é um membro da guilda, o patrão interno, e não seu dirigente. (Nota de F. Engels à edição inglesa de 1888.)

A descoberta da América e a circum-navegação da África abriram um novo campo de ação à burguesia emergente. Os mercados das Índias Orientais e da China, a colonização da América, o comércio colonial, o incremento dos meios de troca e das mercadorias em geral imprimiram ao comércio, à indústria e à navegação um impulso desconhecido até então; e, por conseguinte, desenvolveram rapidamente o elemento revolucionário da sociedade feudal em decomposição.

A organização feudal da indústria, em que esta era circunscrita a corporações fechadas, já não satisfazia as necessidades que cresciam com a abertura de novos mercados. A manufatura a substituiu. A pequena burguesia industrial suplantou os mestres das corporações; a divisão do trabalho entre as diferentes corporações desapareceu diante da divisão do trabalho dentro da própria oficina.

Todavia, os mercados ampliavam-se cada vez mais, a procura por mercadorias continuava a aumentar. A própria manufatura tornou-se insuficiente; então, o vapor e a maquinaria revolucionaram a produção industrial. A grande indústria moderna suplantou a manufatura; a média burguesia manufatureira cedeu lugar aos milionários da indústria, aos chefes de verdadeiros exércitos industriais, aos burgueses modernos.

A grande indústria criou o mercado mundial, preparado pela descoberta da América. O mercado mundial acelerou enormemente o desenvolvimento do comércio, da navegação, dos meios de comunicação. Esse desenvolvimento reagiu, por sua vez, sobre a expansão da indústria; e, à medida que a indústria, o comércio, a navegação e as vias férreas se desenvolviam, crescia a burguesia, multiplicando seus capitais e colocando num segundo plano todas as classes legadas pela Idade Média.

Vemos, pois, que a própria burguesia moderna é o produto de um longo processo de desenvolvimento, de uma série de transformações nos modos de produção e circulação.

Cada etapa da evolução percorrida pela burguesia foi acompanhada de um progresso político correspondente. Classe oprimida pelo despotismo feudal, associação armada e autônoma na comuna[4], aqui república urbana independente, ali

---

[4] "Comuna" era o nome que se dava na França às cidades nascentes, mesmo antes de terem conquistado a autonomia local e os direitos políticos de "terceiro Estado". Em geral, a Inglaterra é o exemplo típico do desenvolvimento econômico da burguesia, enquanto a França representa o seu desenvolvimento político. (Nota de F. Engels à edição inglesa de 1888.)
Era assim que os habitantes das cidades da Itália e da França chamavam as suas comunidades urbanas, depois de comprar ou conquistar dos senhores feudais seus primeiros direitos a um governo autônomo. (Nota de F. Engels à edição alemã de 1890.)

terceiro Estado tributário da monarquia; depois, durante o período manufatureiro, contrapeso da nobreza na monarquia feudal ou absoluta, base principal das grandes monarquias, a burguesia, com o estabelecimento da grande indústria e do mercado mundial, conquistou, finalmente, a soberania política exclusiva no Estado representativo moderno. O executivo no Estado moderno não é senão um comitê para gerir os negócios comuns de toda a classe burguesa.

A burguesia desempenhou na história um papel eminentemente revolucionário.

Onde quer que tenha conquistado o poder, a burguesia destruiu as relações feudais, patriarcais e idílicas. Rasgou todos os complexos e variados laços que prendiam o homem feudal a seus "superiores naturais", para deixar subsistir apenas, de homem para homem, o laço do frio interesse, as duras exigências do "pagamento à vista". Afogou os fervores sagrados da exaltação religiosa, do entusiasmo cavalheiresco, do sentimentalismo pequeno-burguês nas águas geladas do cálculo egoísta. Fez da dignidade pessoal um simples valor de troca; substituiu as numerosas liberdades, conquistadas duramente, por uma única liberdade sem escrúpulos: a do comércio. Em uma palavra, em lugar da exploração dissimulada por ilusões religiosas e políticas, a burguesia colocou uma exploração aberta, direta, despudorada e brutal.

A burguesia despojou de sua auréola todas as atividades até então reputadas como dignas e encaradas com piedoso respeito. Fez do médico, do jurista, do sacerdote, do poeta, do sábio seus servidores assalariados.

A burguesia rasgou o véu do sentimentalismo que envolvia as relações de família e reduziu-as a meras relações monetárias.

A burguesia revelou como a brutal manifestação de força na Idade Média, tão admirada pela reação, encontra seu complemento natural na ociosidade mais completa. Foi a primeira a provar o que a atividade humana pode realizar: criou maravilhas maiores que as pirâmides do Egito, os aquedutos romanos, as catedrais góticas; conduziu expedições que empanaram mesmo as antigas invasões e as Cruzadas.

A burguesia não pode existir sem revolucionar incessantemente os instrumentos de produção, por conseguinte as relações de produção e, com isso, todas as relações sociais. A conservação inalterada do antigo modo de produção era, pelo contrário, a primeira condição de existência de todas as classes industriais anteriores. Essa subversão contínua da produção, esse abalo constante de todo o sistema social, essa agitação permanente e essa falta de segurança distinguem a época burguesa de todas as precedentes. Dissolvem-se todas as relações sociais antigas e cristalizadas, com seu cortejo de concepções e de ideias secularmente veneradas; as relações que as substituem tornam-se antiquadas antes de se consolidarem. Tudo o que era sólido e estável se desmancha no ar, tudo o que era sagrado é profanado e os homens são finalmente obrigados a encarar sem ilusões a sua posição social e as suas relações com os outros homens.

Impelida pela necessidade de mercados sempre novos, a burguesia invade todo o globo terrestre. Necessita estabelecer-se em toda parte, explorar em toda parte, criar vínculos em toda parte.

Pela exploração do mercado mundial, a burguesia imprime um caráter cosmopolita à produção e ao consumo em todos os países. Para desespero dos reacionários, ela roubou da indústria sua base nacional. As velhas indústrias nacionais foram destruídas e continuam a ser destruídas diariamente. São suplantadas por novas indústrias, cuja introdução se torna uma questão vital para todas as nações civilizadas – indústrias que já não empregam matérias-primas nacionais, mas, sim, matérias-primas vindas das regiões mais distantes, e cujos produtos se consomem não somente no próprio país, mas em todas as partes do mundo. Ao invés das antigas necessidades, satisfeitas pelos produtos nacionais, surgem novas demandas, que reclamam para sua satisfação os produtos das regiões mais longínquas e de climas os mais diversos. No lugar do antigo isolamento de regiões e nações autossuficientes, desenvolvem-se um intercâmbio universal e uma universal interdependência das nações. E isso se refere tanto à produção material como à produção intelectual. As criações intelectuais de uma nação tornam-se patrimônio comum. A estreiteza e a unilateralidade nacionais tornam-se cada vez mais impossíveis; das numerosas literaturas nacionais e locais nasce uma literatura universal.

Com o rápido aperfeiçoamento dos instrumentos de produção e o constante progresso dos meios de comunicação, a burguesia arrasta para a torrente da civilização todas as nações, até mesmo as mais bárbaras. Os baixos preços de seus produtos são a artilharia pesada que destrói todas as muralhas da China e obriga à capitulação os bárbaros mais tenazmente hostis aos estrangeiros. Sob pena de ruína total, ela obriga todas as nações a adotarem o modo burguês de produção, constrange-as a abraçar a chamada civilização, isto é, a se tornarem burguesas. Em uma palavra, cria um mundo à sua imagem e semelhança.

A burguesia submeteu o campo à cidade. Criou grandes centros urbanos; aumentou prodigiosamente a população das cidades em relação à dos campos e, com isso, arrancou uma grande parte da população do embrutecimento da vida rural. Do mesmo modo que subordinou o campo à cidade, os países bárbaros ou semibárbaros aos países civilizados, subordinou os povos camponeses aos povos burgueses, o Oriente ao Ocidente.

A burguesia suprime cada vez mais a dispersão dos meios de produção, da propriedade e da população. Aglomerou as populações, centralizou os meios de produção e concentrou a propriedade em poucas mãos. A consequência necessária dessas transformações foi a centralização política. Províncias independentes, ligadas apenas por débeis laços federativos, possuindo interesses, leis, governos e tarifas aduaneiras diferentes, foram reunidas em *uma só* nação, com *um só* governo, *uma só* lei, *um só* interesse nacional de classe, *uma só* barreira alfandegária.

A burguesia, em seu domínio de classe de apenas um século, criou forças produtivas mais numerosas e colossais do que todas as gerações passadas em seu conjunto. A subjugação das forças da natureza, as máquinas, a aplicação da química na indústria e na agricultura, a navegação a vapor, as estradas de ferro, o telégrafo elétrico, a exploração de continentes inteiros, a canalização dos rios, populações inteiras brotando da terra como por encanto – que século anterior teria suspeitado que semelhantes forças produtivas estivessem adormecidas no seio do trabalho social?

Vimos, portanto, que os meios de produção e de troca, sobre cuja base se ergue a burguesia, foram gerados no seio da sociedade feudal. Numa certa etapa do desenvolvimento desses meios de produção e de troca, as condições em que a sociedade feudal produzia e trocava – a organização feudal da agricultura e da manufatura, em suma, o regime feudal de propriedade – deixaram de corresponder às forças produtivas em pleno desenvolvimento. Tolhiam a produção em lugar de impulsioná-la. Transformaram-se em outros tantos grilhões que era preciso despedaçar; e foram despedaçados.

Em seu lugar, surgiu a livre concorrência, com uma organização social e política apropriada, com a supremacia econômica e política da classe burguesa.

Assistimos hoje a um processo semelhante. A sociedade burguesa, com suas relações de produção e de troca, o regime burguês de propriedade, a sociedade burguesa moderna, que conjurou gigantescos meios de produção e de troca, assemelha-se ao feiticeiro que já não pode controlar os poderes infernais que invocou. Há dezenas de anos, a história da indústria e do comércio não é senão a história da revolta das forças produtivas modernas contra as modernas relações de produção, contra as relações de propriedade que condicionam a existência da burguesia e seu domínio. Basta mencionar as crises comerciais que, repetindo-se periodicamente, ameaçam cada vez mais a existência da sociedade burguesa. Cada crise destrói regularmente não só uma grande massa de produtos fabricados, mas também uma grande parte das próprias forças produtivas já criadas. Uma epidemia, que em qualquer outra época teria parecido um paradoxo, desaba sobre a sociedade – a epidemia da superprodução. A sociedade vê-se subitamente reconduzida a um estado de barbárie momentânea; como se a fome ou uma guerra de extermínio lhe houvessem cortado todos os meios de subsistência; o comércio e a indústria parecem aniquilados. E por quê? Porque a sociedade possui civilização em excesso, meios de subsistência em excesso, indústria em excesso, comércio em excesso. As forças produtivas de que dispõe não mais favorecem o desenvolvimento das relações burguesas de propriedade; pelo contrário, tornaram-se poderosas demais para essas condições, passam a ser tolhidas por elas; e, assim que se libertam desses entraves, lançam na desordem a sociedade inteira e ameaçam a existência da propriedade burguesa. O sistema burguês tornou-se demasiado estreito para conter as riquezas criadas em seu seio. E de que maneira consegue a burguesia vencer essas crises? De um lado, pela destruição violenta de grande quantidade de forças produtivas; de outro, pela conquista de novos mercados e pela exploração mais intensa dos antigos. A que leva isso? Ao preparo de crises mais extensas e destruidoras e à diminuição dos meios de evitá-las.

As armas que a burguesia usou para abater o feudalismo voltam-se hoje contra a própria burguesia.

A burguesia, porém, não se limitou a forjar as armas que lhe trarão a morte; produziu também os homens que empunharão essas armas – os operários modernos, os *proletários*.

Com o desenvolvimento da burguesia, isto é, do capital, desenvolve-se também o proletariado, a classe dos operários modernos, os quais só vivem enquanto têm trabalho e só têm trabalho enquanto seu trabalho aumenta o capital. Esses operários, constrangidos a vender-se a retalho, são mercadoria, artigo de comércio como qualquer outro; em consequência, estão sujeitos a todas as vicissitudes da concorrência, a todas as flutuações do mercado.

O crescente emprego de máquinas e a divisão do trabalho despojaram a atividade do operário de seu caráter autônomo, tirando-lhe todo o atrativo. O operário torna-se um mero apêndice da máquina e dele só se requer o manejo mais simples, mais monótono, mais fácil de aprender. Desse modo, o custo do operário se reduz, quase exclusivamente, aos meios de subsistência que lhe são necessários para viver e perpetuar sua espécie. Ora, o preço do trabalho, como de toda mercadoria, é igual ao seu custo de produção. Portanto, à medida que aumenta o caráter enfadonho do trabalho, decrescem os salários. Mais ainda, na mesma medida em que aumenta a maquinaria e a divisão do trabalho, sobe também a quantidade de trabalho, quer pelo aumento das horas de trabalho, quer pelo aumento do trabalho exigido num determinado tempo, quer pela aceleração do movimento das máquinas etc.

A indústria moderna transformou a pequena oficina do antigo mestre da corporação patriarcal na grande fábrica do industrial capitalista. Massas de operários, amontoadas na fábrica, são organizadas militarmente. Como soldados rasos da indústria, estão sob a vigilância de uma hierarquia completa de oficiais e suboficiais. Não são apenas servos da classe burguesa, do Estado burguês, mas também, dia a dia, hora a hora, escravos da máquina, do contramestre e, sobretudo, do dono da fábrica. E esse despotismo é tanto mais mesquinho, mais odioso e exasperador quanto maior é a franqueza com que proclama ter no lucro seu objetivo exclusivo.

Quanto menos habilidade e força o trabalho manual exige, isto é, quanto mais a indústria moderna progride, tanto mais o trabalho dos homens é suplantado pelo de mulheres e crianças. As diferenças de idade e de sexo não têm mais importância social para a classe operária. Não há senão instrumentos de trabalho, cujo preço varia segundo a idade e o sexo.

Depois de sofrer a exploração do fabricante e de receber seu salário em dinheiro, o operário torna-se presa de outros membros da burguesia: o senhorio, o varejista, o penhorista etc.

As camadas inferiores da classe média de outrora, os pequenos industriais, pequenos comerciantes, os que vivem de rendas [*rentiers*], artesãos e camponeses, caem nas fileiras do proletariado; uns porque seu pequeno capital não permite empregar os processos da grande indústria e sucumbem na concorrência com os grandes capitalistas; outros porque sua habilidade profissional é depreciada pelos novos métodos de produção. Assim, o proletariado é recrutado em todas as classes da população.

O proletariado passa por diferentes fases de desenvolvimento. Sua luta contra a burguesia começa com sua existência.

No começo, empenham-se na luta operários isolados; mais tarde, operários de uma mesma fábrica; finalmente, operários de um mesmo ramo de indústria, de uma mesma localidade, contra o burguês que os explora diretamente. Dirigem os seus ataques não só contra as relações burguesas de produção, mas também contra os instrumentos de produção; destroem as mercadorias estrangeiras que lhes fazem concorrência, quebram as máquinas, queimam as fábricas e esforçam-se para reconquistar a posição perdida do trabalhador da Idade Média.

Nessa fase, o proletariado constitui massa disseminada por todo o país e dispersa pela concorrência. A coesão maciça dos operários é o resultado não ainda de sua própria união, mas da união da burguesia, que, para atingir seus próprios fins políticos, é levada a pôr em movimento todo o proletariado, o que por enquanto ainda pode fazer. Durante essa fase, os proletários não combatem seus próprios inimigos, mas os inimigos de seus inimigos, os restos da monarquia absoluta, os proprietários de terras, os burgueses não industriais, os pequeno-burgueses. Todo o movimento histórico está desse modo concentrado nas mãos da burguesia e qualquer vitória alcançada nessas condições é uma vitória burguesa.

Mas, com o desenvolvimento da indústria, o proletariado não apenas se multiplica; comprime-se em massas cada vez maiores, sua força cresce e ele adquire maior consciência dela. Os interesses e as condições de existência dos proletários se igualam cada vez mais à medida que a máquina extingue toda diferença de trabalho e quase por toda parte reduz o salário a um nível igualmente baixo. Em virtude da concorrência crescente dos burgueses entre si e devido às crises comerciais que disso resultam, os salários se tornam cada vez mais instáveis; o aperfeiçoamento constante e cada vez mais rápido das máquinas torna a condição de vida do operário cada vez mais precária; os choques individuais entre o operário singular e o burguês singular tomam cada vez mais o caráter de confrontos entre duas classes. Os operários começam a formar coalizões contra os burgueses e atuam em comum na defesa de seus salários; chegam a fundar associações permanentes a fim de se precaver de insurreições eventuais. Aqui e ali a luta irrompe em motim.

De tempos em tempos os operários triunfam, mas é um triunfo efêmero. O verdadeiro resultado de suas lutas não é o êxito imediato, mas a união cada vez mais ampla dos trabalhadores. Essa união é facilitada pelo crescimento dos meios de comunicação criados pela grande indústria, que permitem o contato entre operários de diferentes localidades. Basta, porém, esse contato para concentrar as numerosas lutas locais, que têm o mesmo caráter em toda parte, em uma luta nacional, uma luta de classes. Mas toda luta de classes é uma luta política. E a união que os burgueses da Idade Média, com seus caminhos vicinais, levaram séculos a realizar os proletários modernos realizam em poucos anos por meio das ferrovias.

A organização do proletariado em classe e, portanto, em partido político é incessantemente destruída pela concorrência que fazem entre si os próprios operários. Mas renasce sempre, e cada vez mais forte, mais sólida, mais poderosa. Aproveita-se das divisões internas da burguesia para obrigá-la ao reconhecimento legal de certos interesses da classe operária – por exemplo, a lei da jornada de dez horas de trabalho na Inglaterra.

Em geral, os choques que se produzem na velha sociedade favorecem de diversos modos o desenvolvimento do proletariado. A burguesia vive em luta permanente; primeiro, contra a aristocracia; depois, contra as frações da própria burguesia cujos interesses se encontram em conflito com os progressos da indústria; e sempre contra a burguesia dos países estrangeiros. Em todas essas lutas, vê-se forçada a apelar para o proletariado, a recorrer à sua ajuda e, dessa forma, arrastá-lo para o movimento político. A burguesia fornece aos proletários os elementos de sua própria educação política, isto é, armas contra si mesma.

Além disso, como já vimos, frações inteiras da classe dominante, em consequência do desenvolvimento da indústria, são lançadas no proletariado ou, pelo menos, ameaçadas em suas condições de existência. Também elas trazem ao proletariado numerosos elementos de educação.

Finalmente, nos períodos em que a luta de classes se aproxima da hora decisiva, o processo de dissolução da classe dominante, de toda a velha sociedade, adquire um caráter tão violento e agudo que uma pequena fração da classe dominante se desliga desta, ligando-se à classe revolucionária, à classe que traz nas mãos o futuro. Do mesmo modo que outrora uma parte da nobreza passou para a burguesia, em nossos dias uma parte da burguesia passa para o proletariado, especialmente a parte dos ideólogos burgueses que chegaram à compreensão teórica do movimento histórico em seu conjunto.

De todas as classes que hoje em dia se opõem à burguesia, só o proletariado é uma classe verdadeiramente revolucionária. As outras classes degeneram e perecem com o desenvolvimento da grande indústria; o proletariado, pelo contrário, é seu produto mais autêntico.

As camadas médias – pequenos comerciantes, pequenos fabricantes, artesãos, camponeses – combatem a burguesia porque esta compromete sua existência como camadas médias. Não são, pois, revolucionárias, mas conservadoras; mais ainda, são reacionárias, pois pretendem fazer girar para trás a roda da história. Quando se tornam revolucionárias, isto se dá em consequência de sua iminente passagem para o proletariado; não defendem então seus interesses atuais, mas seus interesses futuros; abandonam seu próprio ponto de vista em favor daquele do proletariado.

O lumpemproletariado, putrefação passiva das camadas mais baixas da velha sociedade, pode, às vezes, ser arrastado ao movimento por uma revolução proletária; todavia, suas condições de vida o predispõem mais a vender-se à reação.

As condições de existência da velha sociedade já estão destruídas nas condições de existência do proletariado. O proletário não tem propriedade; suas relações com a mulher e os filhos já nada têm em comum com as relações familiares burguesas. O trabalho industrial moderno, a subjugação do operário ao capital, tanto na Inglaterra como na França, tanto na América como na Alemanha, despoja o proletário de todo caráter nacional. As leis, a moral e a religião são para ele meros preconceitos burgueses, atrás dos quais se ocultam outros tantos interesses burgueses.

Todas as classes que no passado conquistaram o poder trataram de consolidar a situação adquirida submetendo toda a sociedade às suas condições de apropriação. Os proletários não podem apoderar-se das forças produtivas sociais senão abolindo o modo de apropriação a elas correspondente e, por conseguinte, todo modo de apropriação existente até hoje. Os proletários nada têm de seu a salvaguardar; sua missão é destruir todas as garantias e seguranças da propriedade privada até aqui existentes.

Todos os movimentos históricos têm sido, até hoje, movimentos de minorias ou em proveito de minorias. O movimento proletário é o movimento autônomo da imensa maioria em proveito da imensa maioria. O proletariado, a camada mais baixa da sociedade atual, não pode erguer-se, pôr-se de pé, sem fazer saltar todos os estratos superpostos que constituem a sociedade oficial.

A luta do proletariado contra a burguesia, embora não seja na essência uma luta nacional, reveste-se dessa forma num primeiro momento. É natural que o proletariado de cada país deva, antes de tudo, liquidar a sua própria burguesia.

Esboçando em linhas gerais as fases do desenvolvimento proletário, descrevemos a história da guerra civil mais ou menos oculta na sociedade existente, até a hora em que essa guerra explode numa revolução aberta e o proletariado estabelece sua dominação pela derrubada violenta da burguesia.

Todas as sociedades anteriores, como vimos, se basearam no antagonismo entre classes opressoras e classes oprimidas. Mas, para oprimir uma classe, é preciso poder garantir-lhe condições tais que lhe permitam, pelo menos, uma existência servil. O servo, em plena servidão, conseguiu tornar-se membro da comuna, da mesma forma que o pequeno-burguês, sob o jugo do absolutismo feudal, elevou-se à categoria de burguês. O operário moderno, pelo contrário, longe de se elevar com o progresso da indústria, desce cada vez mais, caindo abaixo das condições de sua própria classe. O trabalhador torna-se um indigente, e o pauperismo cresce ainda mais rapidamente do que a população e a riqueza. Fica assim evidente que a burguesia é incapaz de continuar desempenhando o papel de classe dominante e de impor à sociedade, como lei suprema, as condições de existência de sua classe. Não pode exercer o seu domínio porque não pode mais assegurar a existência de seu escravo, mesmo no quadro de sua escravidão, porque é obrigada a deixá-lo afundar numa situação em que deve nutri-lo em lugar de ser nutrida por ele. A sociedade não pode mais existir sob sua dominação, o que quer dizer que a existência da burguesia não é mais compatível com a sociedade.

A condição essencial para a existência e supremacia da classe burguesa é a acumulação da riqueza nas mãos de particulares, a formação e o crescimento do capital; a condição de existência do capital é o trabalho assalariado. Este baseia-se exclusivamente na concorrência dos operários entre si. O progresso da indústria, de que a burguesia é agente passivo e involuntário, substitui o isolamento dos operários, resultante da competição, por sua união revolucionária, resultante da associação. Assim, o desenvolvimento da grande indústria retira dos pés da burguesia a própria base sobre a qual ela assentou o seu regime de produção e de apropriação dos produtos. A burguesia produz, sobretudo, seus próprios coveiros. Seu declínio e a vitória do proletariado são igualmente inevitáveis.

II. Proletários e comunistas

Qual a relação dos comunistas com os proletários em geral?

Os comunistas não formam um partido à parte, oposto aos outros partidos operários.

Não têm interesses diferentes dos interesses do proletariado em geral.

Não proclamam princípios particulares, segundo os quais pretendem moldar o movimento operário.

Os comunistas se distinguem dos outros partidos operários somente em dois pontos: 1) nas diversas lutas nacionais dos proletários, destacam e fazem prevalecer os interesses comuns do proletariado, independentemente da nacionalidade; 2) nas diferentes fases de desenvolvimento por que passa a luta entre proletários e burgueses, representam, sempre e em toda parte, os interesses do movimento em seu conjunto.

Na prática, os comunistas constituem a fração mais resoluta dos partidos operários de cada país, a fração que impulsiona as demais; teoricamente, têm sobre o resto do proletariado a vantagem de uma compreensão nítida das condições, do curso e dos fins gerais do movimento proletário.

O objetivo imediato dos comunistas é o mesmo que o de todos os demais partidos proletários: constituição do proletariado em classe, derrubada da supremacia burguesa, conquista do poder político pelo proletariado.

As proposições teóricas dos comunistas não se baseiam, de modo algum, em ideias ou princípios inventados ou descobertos por este ou aquele reformador do mundo.

São apenas a expressão geral das condições efetivas de uma luta de classes que existe, de um movimento histórico que se desenvolve diante dos olhos. A abolição das relações de propriedade que até hoje existiram não é uma característica peculiar e exclusiva do comunismo.

Todas as relações de propriedade têm passado por modificações constantes em consequência das contínuas transformações das condições históricas.

A Revolução Francesa, por exemplo, aboliu a propriedade feudal em proveito da propriedade burguesa.

O que caracteriza o comunismo não é a abolição da propriedade em geral, mas a abolição da propriedade burguesa.

Mas a moderna propriedade privada burguesa é a última e mais perfeita expressão do modo de produção e de apropriação baseado nos antagonismos de classes, na exploração de uns pelos outros.

Nesse sentido, os comunistas podem resumir sua teoria numa única expressão: supressão da propriedade privada.

Nós, comunistas, temos sido censurados por querer abolir a propriedade pessoalmente adquirida, fruto do trabalho do indivíduo – propriedade que dizem ser a base de toda liberdade, de toda atividade, de toda independência individual.

Propriedade pessoal, fruto do trabalho e do mérito! Falais da propriedade do pequeno-burguês, do pequeno-camponês, forma de propriedade anterior à propriedade burguesa? Não precisamos aboli-la, porque o progresso da indústria já a aboliu e continua abolindo-a diariamente. Ou porventura falais da moderna propriedade privada, da propriedade burguesa?

Mas o trabalho do proletário, o trabalho assalariado, cria propriedade para o proletário? De modo algum. Cria o capital, isto é, a propriedade que explora o trabalho assalariado e que só pode aumentar sob a condição de gerar novo trabalho assalariado, para voltar a explorá-lo. Em sua forma atual, a propriedade se move entre dois termos antagônicos: capital e trabalho. Examinemos os termos desse antagonismo.

Ser capitalista significa ocupar não somente uma posição pessoal, mas também uma posição social na produção. O capital é um produto coletivo e só pode ser posto em movimento pelos esforços combinados de muitos membros da sociedade, em última instância pelos esforços combinados de todos os membros da sociedade.

O capital não é, portanto, um poder pessoal: é um poder social.

Assim, quando o capital é transformado em propriedade comum, pertencente a todos os membros da sociedade, não é uma propriedade pessoal que se transforma em propriedade social. O que se transformou foi o caráter social da propriedade. Esta perde seu caráter de classe.

Vejamos agora o trabalho assalariado.

O preço médio que se paga pelo trabalho assalariado é o mínimo de salário, ou seja, a soma dos meios de subsistência necessários para que o operário viva como operário. Por conseguinte, o que o operário recebe com o seu trabalho é o estritamente necessário para a mera conservação e reprodução de sua existência. Não pretendemos de modo algum abolir essa apropriação pessoal dos produtos do trabalho, indispensável à manutenção e à reprodução da vida humana – uma apropriação que não deixa nenhum lucro líquido que confira poder sobre o trabalho alheio. Queremos apenas suprimir o caráter miserável dessa apropriação, que faz com que o operário só viva para aumentar o capital e só viva na medida em que o exigem os interesses da classe dominante.

Na sociedade burguesa, o trabalho vivo é sempre um meio de aumentar o trabalho acumulado. Na sociedade comunista, o trabalho acumulado é um meio de ampliar, enriquecer e promover a existência dos trabalhadores.

Na sociedade burguesa, o passado domina o presente; na sociedade comunista, é o presente que domina o passado. Na sociedade burguesa, o capital é independente e pessoal, ao passo que o indivíduo que trabalha é dependente e impessoal.

É a supressão dessa situação que a burguesia chama de supressão da individualidade e da liberdade. E com razão. Porque se trata efetivamente de abolir a individualidade burguesa, a independência burguesa, a liberdade burguesa.

Por liberdade, nas atuais relações burguesas de produção, compreende-se a liberdade de comércio, a liberdade de comprar e vender.

Mas, se o tráfico desaparece, desaparecerá também a liberdade de traficar. Toda a fraseologia sobre o livre-comércio, bem como todas as bravatas de nossa burguesia sobre a liberdade, só tem sentido quando se refere ao comércio constrangido e ao burguês oprimido da Idade Média; nenhum sentido tem quando se trata da supressão comunista do tráfico, das relações burguesas de produção e da própria burguesia.

Vós vos horrorizais porque queremos suprimir a propriedade privada. Mas em vossa sociedade a propriedade privada está suprimida para nove décimos de seus membros. E é precisamente porque não existe para esses nove décimos que ela existe para vós. Vós nos censurais, portanto, por querermos abolir uma forma de propriedade que pressupõe como condição necessária que a imensa maioria da sociedade não possua propriedade.

Numa palavra, vós nos censurais por querermos abolir a vossa propriedade. De fato, é isso o que queremos.

A partir do momento em que o trabalho não possa mais ser convertido em capital, em dinheiro, em renda da terra – numa palavra, em poder social capaz de ser monopolizado –, isto é, a partir do momento em que a propriedade individual não possa mais se converter em propriedade burguesa, declarareis que o indivíduo está suprimido.

Confessais, no entanto, que, quando falais do indivíduo, quereis referir-vos unicamente ao burguês, ao proprietário burguês. E esse indivíduo, sem dúvida, deve ser suprimido.

O comunismo não priva ninguém do poder de se apropriar de sua parte dos produtos sociais; apenas suprime o poder de subjugar o trabalho de outros por meio dessa apropriação.

Alega-se ainda que, com a abolição da propriedade privada, toda atividade cessaria, uma inércia geral apoderar-se-ia do mundo.

Se isso fosse verdade, há muito que a sociedade burguesa teria sucumbido à ociosidade, pois os que no regime burguês trabalham não lucram e os que lucram não trabalham. Toda objeção se reduz a esta tautologia: não haverá mais trabalho assalariado quando não existir mais capital.

As objeções feitas ao modo comunista de produção e de apropriação dos produtos materiais foram igualmente ampliadas à produção e à apropriação dos produtos do trabalho intelectual. Assim como o desaparecimento da propriedade de classe equivale, para o burguês, ao desaparecimento de toda a produção, o desaparecimento da cultura de classe significa, para ele, o desaparecimento de toda a cultura.

A cultura, cuja perda o burguês deplora, é para a imensa maioria dos homens apenas um adestramento que os transforma em máquinas.

Mas não discutais conosco aplicando à abolição da propriedade burguesa o critério de vossas noções burguesas de liberdade, cultura, direito etc. Vossas próprias ideias são produto das relações de produção e de propriedade burguesas, assim como vosso direito não passa da vontade de vossa classe erigida em lei, vontade cujo conteúdo é determinado pelas condições materiais de vossa existência como classe.

Essa concepção interesseira, que vos leva a transformar em leis eternas da natureza e da razão as relações sociais oriundas do vosso modo de produção e de propriedade – relações transitórias que surgem e desaparecem no curso da produção –, é por vós compartilhada com todas as classes dominantes já desaparecidas. O que aceitais para a propriedade antiga, o que aceitais para a propriedade feudal, já não podeis aceitar para a propriedade burguesa.

Supressão da família! Até os mais radicais se indignam com esse propósito infame dos comunistas.

Sobre que fundamento repousa a família atual, a família burguesa? Sobre o capital, sobre o ganho individual. A família, na sua plenitude, só existe para a burguesia, encontrando seu complemento na ausência forçada da família entre os proletários e na prostituição pública.

A família burguesa desvanece-se naturalmente com o desvanecer de seu complemento, e ambos desaparecem com o desaparecimento do capital.

Vós nos censurais por querermos abolir a exploração das crianças pelos seus próprios pais? Confessamos esse crime.

Dizeis também que destruímos as relações mais íntimas ao substituirmos a educação doméstica pela educação social.

E vossa educação não é também determinada pela sociedade? Pelas condições sociais em que educais vossos filhos, pela intervenção direta ou indireta da sociedade, por meio de vossas escolas etc.? Os comunistas não inventaram a intromissão da sociedade na educação; apenas procuram modificar seu caráter arrancando a educação da influência da classe dominante.

O palavreado burguês sobre a família e a educação, sobre os doces laços que unem a criança aos pais, torna-se cada vez mais repugnante à medida que a grande indústria destrói todos os laços familiares dos proletários e transforma suas crianças em simples artigos de comércio, em simples instrumentos de trabalho.

"Vós, comunistas, quereis introduzir a comunidade das mulheres!", grita-nos toda a burguesia em coro.

Para o burguês, a mulher nada mais é do que um instrumento de produção. Ouvindo dizer que os instrumentos de produção serão explorados em comum, conclui naturalmente que o destino de propriedade coletiva caberá igualmente às mulheres. Não imagina que se trata precisamente de arrancar a mulher de seu papel de simples instrumento de produção.

De resto, nada é mais ridículo do que a virtuosa indignação dos nossos burgueses em relação à pretensa comunidade oficial das mulheres que seria adotada pelos comunistas. Os comunistas não precisam introduzir a comunidade das mulheres. Ela quase sempre existiu.

Nossos burgueses, não contentes em ter à sua disposição as mulheres e as filhas dos proletários, sem falar da prostituição oficial, têm singular prazer em seduzir as esposas uns dos outros.

O casamento burguês é, na realidade, a comunidade das mulheres casadas. No máximo, poderiam acusar os comunistas de querer substituir uma comunidade de mulheres, hipócrita e dissimulada, por outra, que seria franca e oficial. De resto, é evidente que, com a abolição das atuais relações de produção, desaparecerá também a comunidade das mulheres que deriva dessas relações, ou seja, a prostituição oficial e não oficial.

Os comunistas também são acusados de querer abolir a pátria, a nacionalidade.

Os operários não têm pátria. Não se lhes pode tirar aquilo que não possuem. Como, porém, o proletariado tem por objetivo conquistar o poder político e elevar-se a classe dirigente da nação, tornar-se ele próprio nação, ele é, nessa medida, nacional, mas de modo nenhum no sentido burguês da palavra.

Os isolamentos e os antagonismos nacionais entre os povos desaparecem cada vez mais com o desenvolvimento da burguesia, com a liberdade de comércio, com o mercado mundial, com a uniformidade da produção industrial e com as condições de existência a ela correspondentes.

A supremacia do proletariado fará com que desapareçam ainda mais depressa. A ação comum do proletariado, pelo menos nos países civilizados, é uma das primeiras condições para sua emancipação.

À medida que for suprimida a exploração do homem pelo homem, será suprimida a exploração de uma nação por outra.

Quando os antagonismos de classes, no interior das nações, tiverem desaparecido, desaparecerá a hostilidade entre as próprias nações.

As acusações feitas aos comunistas em nome da religião, da filosofia e da ideologia em geral não merecem um exame aprofundado.

Será preciso grande inteligência para compreender que, ao mudarem as relações de vida dos homens, as suas relações sociais, a sua existência social, mudam também as suas representações, as suas concepções e conceitos, numa palavra, muda a sua consciência?

Que demonstra a história das ideias senão que a produção intelectual se transforma com a produção material? As ideias dominantes de uma época sempre foram as ideias da classe dominante.

Quando se fala de ideias que revolucionam uma sociedade inteira, isso quer dizer que, no seio da velha sociedade, se formaram os elementos de uma sociedade nova e que a dissolução das velhas ideias acompanha a dissolução das antigas condições de existência.

Quando o mundo antigo declinava, as antigas religiões foram vencidas pela religião cristã; quando, no século XVIII, as ideias cristãs cederam lugar às ideias iluministas, a sociedade feudal travava sua batalha decisiva contra a burguesia então revolucionária. As ideias de liberdade religiosa e de consciência não fizeram mais que proclamar o império da livre concorrência no domínio do conhecimento.

"Mas" – dirão – "as ideias religiosas, morais, filosóficas, políticas, jurídicas etc. modificaram-se no curso do desenvolvimento histórico. A religião, a moral, a filosofia, a política e o direito sobreviveram sempre a essas transformações."

"Além disso, há verdades eternas, como a liberdade, a justiça etc., que são comuns a todos os regimes sociais. Mas o comunismo quer abolir essas verdades eternas, quer abolir a religião e a moral, em lugar de lhes dar uma nova forma, e isso contradiz todos os desenvolvimentos históricos anteriores."

A que se reduz essa acusação? A história de toda a sociedade até nossos dias moveu-se em antagonismos de classes, antagonismos que se têm revestido de formas diferentes nas diferentes épocas.

Mas, qualquer que tenha sido a forma assumida, a exploração de uma parte da sociedade por outra é um fato comum a todos os séculos anteriores. Portanto, não é de espantar que a consciência social de todos os séculos, apesar de toda sua variedade e diversidade, tenha se movido sempre sob certas formas comuns, formas de consciência que só se dissolverão completamente com o desaparecimento total dos antagonismos de classes.

A revolução comunista é a ruptura mais radical com as relações tradicionais de propriedade; não admira, portanto, que no curso de seu desenvolvimento se rompa, do modo mais radical, com as ideias tradicionais.

Mas deixemos de lado as objeções da burguesia ao movimento comunista.

Vimos antes que a primeira fase da revolução operária é a elevação do proletariado a classe dominante, a conquista da democracia.

O proletariado usará sua supremacia política para arrancar, pouco a pouco, todo o capital da burguesia, para centralizar todos os instrumentos de produção nas mãos do Estado, isto é, do proletariado organizado como classe dominante, e para aumentar o mais rapidamente possível o total das forças produtivas.

Isso naturalmente só poderá ser realizado, a princípio, por intervenções despóticas no direito de propriedade e nas relações de produção burguesas, isto é, pela aplicação de medidas que, do ponto de vista econômico, parecerão insuficientes e insustentáveis, mas que, no desenrolar do movimento, ultrapassarão a si mesmas e serão indispensáveis para transformar radicalmente todo o modo de produção.

Essas medidas, é claro, serão diferentes nos diferentes países.

Nos países mais adiantados, contudo, quase todas as seguintes medidas poderão ser postas em prática:

1. Expropriação da propriedade fundiária e emprego da renda da terra para despesas do Estado.

2. Imposto fortemente progressivo.

3. Abolição do direito de herança.

4. Confisco da propriedade de todos os emigrados e rebeldes.

5. Centralização do crédito nas mãos do Estado por meio de um banco nacional com capital do Estado e com monopólio exclusivo.

6. Centralização de todos os meios de comunicação e transporte nas mãos do Estado.

7. Multiplicação das fábricas nacionais e dos instrumentos de produção, arroteamento das terras incultas e melhoramento das terras cultivadas, segundo um plano geral.

8. Unificação do trabalho obrigatório para todos, organização de exércitos industriais, particularmente para a agricultura.

9. Unificação dos trabalhos agrícola e industrial; abolição gradual da distinção entre a cidade e o campo por meio de uma distribuição mais igualitária da população pelo país.

10. Educação pública e gratuita a todas as crianças; abolição do trabalho das crianças nas fábricas, tal como é praticado hoje. Associação da educação com a produção material etc.

Quando, no curso do desenvolvimento, desaparecerem os antagonismos de classes e toda a produção for concentrada nas mãos dos indivíduos associados, o poder público perderá seu caráter político. O poder político é o poder organizado de uma classe para a opressão de outra. Se o proletariado, em sua luta contra a burguesia, se organiza forçosamente como classe, se por meio de uma revolução se converte em classe dominante e como classe dominante destrói violentamente as antigas relações de produção, destrói, junto com essas relações de produção, as condições de existência dos antagonismos entre as classes, destrói as classes em geral e, com isso, sua própria dominação como classe.

Em lugar da antiga sociedade burguesa, com suas classes e antagonismos de classes, surge uma associação na qual o livre desenvolvimento de cada um é a condição para o livre desenvolvimento de todos.

III. Literatura socialista e comunista

1. O socialismo reacionário

a) O socialismo feudal

Por sua posição histórica, as aristocracias da França e da Inglaterra viram-se chamadas a lançar libelos contra a sociedade burguesa. Na revolução francesa de julho de 1830, no movimento inglês pela reforma*, tinham sucumbido mais uma vez sob os golpes dessa odiada arrivista. A partir daí não se podia tratar de uma luta política séria; só lhes restava a luta literária. Mas também no domínio literário tornara-se impossível a velha fraseologia da Restauração[5].

Para despertar simpatias, a aristocracia fingiu deixar de lado seus próprios interesses e dirigiu sua acusação contra a burguesia, aparentando defender apenas os interesses da classe operária explorada. Desse modo, entregou-se ao prazer de cantarolar sátiras sobre os novos senhores e de lhes sussurrar ao ouvido profecias sinistras.

Assim surgiu o socialismo feudal: em parte lamento, em parte pasquim; em parte ecos do passado, em parte ameaças ao futuro. Se por vezes a sua crítica amarga, mordaz e espirituosa feriu a burguesia no coração, sua impotência absoluta em compreender a marcha da história moderna terminou sempre produzindo um efeito cômico.

---

* Sob pressão das massas, a Câmara dos Comuns inglesa aprovou em 1831 uma reforma eleitoral que facilitava o acesso da burguesia industrial ao Parlamento. (N. E.)

5 Não se trata da Restauração Inglesa de 1660-1689, mas da Restauração Francesa de 1814-1830. (Nota de F. Engels à edição inglesa de 1888.)

Para atrair o povo, a aristocracia desfraldou como bandeira a sacola do mendigo; mas, assim que o povo acorreu, percebeu que as costas da bandeira estavam ornadas com os velhos brasões feudais e dispersou-se com grandes e irreverentes gargalhadas.

Uma parte dos legitimistas franceses e a "Jovem Inglaterra" ofereceram ao mundo esse espetáculo.

Quando os feudais demonstraram que o seu modo de exploração era diferente do da burguesia, esqueceram apenas uma coisa: que o feudalismo explorava em circunstâncias e condições completamente diversas, hoje em dia ultrapassadas. Quando ressaltam que sob o regime feudal o proletariado moderno não existia, esquecem que a burguesia foi precisamente um fruto necessário de sua organização social.

Além disso, ocultam tão pouco o caráter reacionário de sua crítica que sua principal acusação contra a burguesia consiste justamente em dizer que esta assegura sob seu regime o desenvolvimento de uma classe que fará ir pelos ares toda a antiga ordem social.

O que reprovam à burguesia é mais o fato de ela ter produzido um proletariado revolucionário do que o de ter criado o proletariado em geral.

Por isso, na luta política participam ativamente de todas as medidas de repressão contra a classe operária. E, na vida diária, a despeito de sua pomposa fraseologia, conformam-se perfeitamente em colher as maçãs de ouro da árvore da indústria e em trocar honra, amor e fidelidade pelo comércio de lã, açúcar de beterraba e aguardente[6].

Do mesmo modo que o padre e o senhor feudal marcharam sempre de mãos dadas, o socialismo clerical marcha lado a lado com o socialismo feudal.

Nada é mais fácil que recobrir o ascetismo cristão com um verniz socialista. O cristianismo também não se ergueu contra a propriedade privada, o matrimônio, o Estado? E em seu lugar não pregou a caridade e a pobreza, o celibato e a mortificação da carne, a vida monástica e a Igreja? O socialismo cristão não passa da água benta com que o padre abençoa o despeito da aristocracia.

---

[6] Isso se refere sobretudo à Alemanha, onde a aristocracia latifundiária cultiva por conta própria grande parte de suas terras, com ajuda de administradores e é, além disso, produtora de açúcar de beterraba e destiladora de aguardente. Os mais prósperos aristocratas britânicos se encontram, por enquanto, acima disso, mas também sabem como compensar a diminuição de suas rendas emprestando seu nome aos fundadores de sociedades anônimas de reputação mais ou menos duvidosa. (Nota de F. Engels à edição inglesa de 1888.)

b) O socialismo pequeno-burguês

A aristocracia feudal não é a única classe arruinada pela burguesia, não é a única classe cujas condições de existência se atrofiam e perecem na sociedade burguesa moderna. Os burgueses e o estamento dos pequenos agricultores da Idade Média foram os precursores da burguesia moderna. Nos países onde o comércio e a indústria são pouco desenvolvidos, essa classe continua a vegetar ao lado da burguesia em ascensão.

Nos países onde a civilização moderna está florescente, forma-se uma nova classe de pequeno-burgueses que oscila entre o proletariado e a burguesia, reconstituindo-se sempre como fração complementar da sociedade burguesa; os membros dessa classe, no entanto, se veem constantemente precipitados no proletariado, devido à concorrência, e, com a marcha progressiva da grande indústria, sentem aproximar-se o momento em que desaparecerão completamente como fração independente da sociedade moderna e serão substituídos no comércio, na manufatura e na agricultura por supervisores, capatazes e empregados.

Em países como a França, onde os camponeses constituem bem mais da metade da população, era natural que os escritores que se batiam pelo proletariado e contra a burguesia aplicassem à sua crítica do regime burguês critérios do pequeno-burguês e do pequeno-camponês e defendessem a causa operária do ponto de vista da pequena burguesia. Desse modo se formou o socialismo pequeno-burguês. Sismondi é o chefe dessa literatura, não somente na França mas também na Inglaterra.

Esse socialismo dissecou com muita perspicácia as contradições inerentes às modernas relações de produção. Pôs a nu as hipócritas apologias dos economistas. Demonstrou de modo irrefutável os efeitos mortíferos das máquinas e da divisão do trabalho, da concentração dos capitais e da propriedade territorial, a superprodução, as crises, a decadência inevitável dos pequeno-burgueses e pequeno-camponeses, a miséria do proletariado, a anarquia na produção, a clamorosa desproporção na distribuição das riquezas, a guerra industrial de extermínio entre as nações, a dissolução dos velhos costumes, das velhas relações de família, das velhas nacionalidades.

Quanto ao seu "conteúdo positivo", porém, o socialismo pequeno-burguês quer ou restabelecer os antigos meios de produção e de troca e, com eles, as antigas relações de propriedade e toda a antiga sociedade, ou então fazer entrar à força os meios modernos de produção e de troca no quadro estreito das antigas relações de propriedade que foram destruídas e necessariamente despedaçadas por eles. Num e noutro caso, esse socialismo é, ao mesmo tempo, reacionário e utópico.

Sistema corporativo na manufatura e economia patriarcal no campo: eis suas últimas palavras.

Por fim, quando os obstinados fatos históricos lhe dissiparam a embriaguez, essa escola socialista abandonou-se a uma covarde ressaca.

c) O socialismo alemão ou o "verdadeiro" socialismo

A literatura socialista e comunista da França, nascida sob a pressão de uma burguesia dominante e expressão literária da revolta contra esse domínio, foi introduzida na Alemanha quando a burguesia começava a sua luta contra o absolutismo feudal.

Filósofos, semifilósofos e impostores alemães lançaram-se avidamente sobre essa literatura, mas se esqueceram de que, com a importação da literatura francesa na Alemanha, não eram importadas ao mesmo tempo as condições de vida da França. Nas condições alemãs, a literatura francesa perdeu toda a significação prática imediata e tomou um caráter puramente literário. Aparecia apenas como especulação ociosa sobre a realização da essência humana. Assim, as reivindicações da primeira revolução francesa só eram, para os filósofos alemães do século XVIII, as reivindicações da "razão prática" em geral; e a manifestação da vontade dos burgueses revolucionários da França não expressava, a seus olhos, senão as leis da vontade pura, da vontade tal como deve ser, da vontade verdadeiramente humana.

O trabalho dos literatos alemães limitou-se a pôr as ideias francesas em harmonia com a sua velha consciência filosófica, ou melhor, a apropriar-se das ideias francesas sem abandonar seu próprio ponto de vista filosófico.

Apropriaram-se delas da mesma forma como se assimila uma língua estrangeira: pela tradução.

Sabe-se que os monges escreveram hagiografias católicas insípidas sobre os manuscritos em que estavam registradas as obras clássicas da Antiguidade pagã. Os literatos alemães agiram em sentido inverso a respeito da literatura francesa profana. Introduziram suas insanidades filosóficas no original francês. Por exemplo, sob a crítica francesa das funções do dinheiro, escreveram "alienação da essência humana"; sob a crítica francesa do Estado burguês, escreveram "superação do domínio da universalidade abstrata", e assim por diante.

A essa interpolação do palavreado filosófico nas teorias francesas deram o nome de "filosofia da ação", "verdadeiro socialismo", "ciência alemã do socialismo", "justificação filosófica do socialismo" etc.

Desse modo, emascularam completamente a literatura socialista e comunista francesa. E, como nas mãos dos alemães essa literatura tinha deixado de ser a expressão da luta de uma classe contra outra, eles se felicitaram por terem se elevado acima da "estreiteza francesa" e defendido não verdadeiras necessidades, mas a "necessidade da verdade"; não os interesses do proletário, mas os interesses do ser humano, do homem em geral, do homem que não pertence a nenhuma classe nem a realidade alguma e que só existe no céu brumoso da fantasia filosófica.

Esse socialismo alemão que levava tão solenemente a sério seus canhestros exercícios de escola e que os apregoava tão charlatanescamente foi perdendo, pouco a pouco, sua inocência pedante.

A luta da burguesia alemã e, especialmente, da burguesia prussiana contra o feudalismo e a monarquia absoluta, numa palavra, o movimento liberal, tornou-se mais séria.

Desse modo, apresentou-se ao "verdadeiro" socialismo a tão desejada oportunidade de contrapor ao movimento político as reivindicações socialistas, de lançar os anátemas tradicionais contra o liberalismo, o regime representativo, a concorrência burguesa, a liberdade burguesa de imprensa, o direito burguês, a liberdade e a igualdade burguesas; de pregar às massas que nada tinham a ganhar, mas, pelo contrário, tudo a perder nesse movimento burguês. O socialismo alemão esqueceu, bem a propósito, que a crítica francesa, da qual era o eco monótono, pressupunha a sociedade burguesa moderna com as condições materiais de existência que lhe correspondem e uma constituição política adequada – precisamente as coisas que, na Alemanha, estava ainda por conquistar.

Esse socialismo serviu de espantalho – para amedrontar a burguesia ameaçadoramente ascendente – aos governos absolutos da Alemanha, com seu cortejo de padres, pedagogos, fidalgos rurais e burocratas.

Juntou sua hipocrisia adocicada aos tiros de fuzil e às chicotadas com que esses mesmos governos respondiam aos levantes dos operários alemães.

Se o "verdadeiro" socialismo se tornou assim uma arma nas mãos dos governos contra a burguesia alemã, representou também diretamente um interesse reacionário, o interesse da pequena burguesia alemã. A classe dos pequeno-burgueses, legada pelo século XVI e, desde então, renascendo sem cessar sob formas diversas, constitui na Alemanha a verdadeira base social do regime estabelecido.

Mantê-la é manter na Alemanha o regime estabelecido. A supremacia industrial e política da burguesia ameaça destruir a pequena burguesia – de um lado, pela concentração do capital, de outro, pelo desenvolvimento de um proletariado revolucionário. O "verdadeiro" socialismo pareceu aos pequeno-burgueses uma arma capaz de aniquilar esses dois inimigos. Propagou-se como uma epidemia.

A roupagem tecida com os fios imateriais da especulação, bordada com as flores da retórica e banhada de orvalho sentimental, essa roupagem, na qual os socialistas alemães envolveram o miserável esqueleto das suas "verdades eternas", não fez senão ativar a venda de sua mercadoria entre aquele público.

Por seu lado, o socialismo alemão compreendeu cada vez mais que sua vocação era ser o representante grandiloquente dessa pequena burguesia.

Proclamou que a nação alemã era a nação-modelo, e o pequeno-burguês alemão* o homem-modelo. A todas as infâmias desse homem-modelo atribuiu um sentido oculto, um sentido superior e socialista, que as tornava exatamente o contrário do que eram. Foi consequente até o fim, levantando-se contra a tendência "brutalmente destrutiva" do comunismo, declarando que pairava imparcialmente acima de todas as lutas de classes. Com raras exceções, todas as pretensas publicações socialistas ou comunistas que circulam na Alemanha pertencem a essa suja e debilitante literatura[7].

2. O socialismo conservador ou burguês

Uma parte da burguesia procura remediar os males sociais para assegurar a existência da sociedade burguesa.

Nessa categoria, enfileiram-se os economistas, os filantropos, os humanitários, os que se ocupam em melhorar a sorte da classe operária, os organizadores de beneficências, os protetores dos animais, os fundadores das sociedades antialcoólicas, enfim, os reformadores de gabinete de toda categoria. Esse socialismo burguês chegou até a ser elaborado em sistemas completos.

---

* Na edição de 1888: pequeno filisteu. (N. E.)

[7] A tormenta revolucionária de 1848 varreu toda essa sórdida tendência e tirou de seus partidários o desejo de continuar brincando com o socialismo. O representante principal e tipo clássico dessa escola é o sr. Karl Grün. (Nota de F. Engels à edição alemã de 1890.)

Como exemplo, citemos a *Filosofia da miséria*, de Proudhon.

Os socialistas burgueses querem as condições de vida da sociedade moderna sem as lutas e os perigos que dela decorrem fatalmente. Querem a sociedade atual, mas eliminando os elementos que a revolucionam e dissolvem. Querem a burguesia sem o proletariado. A burguesia, naturalmente, concebe o mundo em que domina como o melhor dos mundos. O socialismo burguês elabora em um sistema mais ou menos completo essa concepção consoladora. Quando convida o proletariado a realizar esses sistemas e entrar na nova Jerusalém, no fundo o que pretende é induzi-lo a manter-se na sociedade atual, desembaraçando-se, porém, do ódio que sente por ela.

Uma segunda forma desse socialismo, menos sistemática porém mais prática, procura fazer com que os operários se afastem de qualquer movimento revolucionário, demonstrando-lhes que não será tal ou qual mudança política, e sim uma transformação das condições de vida material e das relações econômicas, que poderá ser proveitosa para eles. Por transformação das condições materiais de existência esse socialismo não compreende em absoluto a abolição das relações burguesas de produção – que só é possível pela via revolucionária –, mas apenas reformas administrativas realizadas sobre a base das próprias relações de produção burguesas e que, portanto, não afetam as relações entre o capital e o trabalho assalariado, servindo, no melhor dos casos, para diminuir os gastos da burguesia com sua dominação e simplificar o trabalho administrativo de seu Estado.

O socialismo burguês só atinge sua expressão correspondente quando se torna simples figura de retórica.

Livre-comércio, no interesse da classe operária! Tarifas protetoras, no interesse da classe operária! Prisões, no interesse da classe operária! Eis a última palavra do socialismo burguês, a única pronunciada a sério.

O seu raciocínio se resume na frase: os burgueses são burgueses – no interesse da classe operária.

3. O socialismo e o comunismo crítico-utópicos

Não se trata aqui da literatura que, em todas as grandes revoluções modernas, exprimiu as reivindicações do proletariado (escritos de Babeuf etc.).

As primeiras tentativas diretas do proletariado para fazer prevalecer seus próprios interesses de classe, feitas numa época de agitação geral, no período da derrubada da sociedade feudal, fracassaram necessariamente não apenas por causa do estado embrionário do próprio proletariado mas devido à ausência das condições materiais de sua emancipação, condições que apenas surgem como produto da época burguesa. A literatura revolucionária que acompanhava esses primeiros movimentos do proletariado teve forçosamente um conteúdo reacionário. Preconizava um ascetismo geral e um grosseiro igualitarismo.

Os sistemas socialistas e comunistas propriamente ditos, os de Saint-Simon, Fourier, Owen etc., aparecem no primeiro período da luta entre o proletariado e a burguesia, período anteriormente descrito (ver "Burgueses e proletários").

Os fundadores desses sistemas compreendem bem o antagonismo das classes, assim como a ação dos elementos dissolventes na própria sociedade dominante. Mas não percebem no proletariado nenhuma iniciativa histórica, nenhum movimento político que lhe seja peculiar.

Como o desenvolvimento dos antagonismos de classes acompanha o desenvolvimento da indústria, tampouco distinguem as condições materiais da emancipação do proletariado e põem-se à procura de uma ciência social, de leis sociais que permitam criar essas condições.

Substituem a atividade social por sua própria imaginação pessoal; as condições históricas da emancipação por condições fantásticas; a organização gradual e espontânea do proletariado em classe por uma organização da sociedade pré-fabricada por eles. A história futura do mundo se resume, para eles, na propaganda e na execução prática de seus planos de organização social.

Todavia, na confecção de seus planos, têm a convicção de defender antes de tudo os interesses da classe operária, como classe mais sofredora. A classe operária só existe para eles sob esse aspecto, o de classe mais sofredora.

Mas a forma rudimentar da luta de classes e sua própria posição social os levam a considerar-se muito acima de qualquer antagonismo de classe. Desejam melhorar as condições materiais de vida de todos os membros da sociedade, mesmo dos mais privilegiados. Por isso, não cessam de apelar indistintamente à sociedade inteira e, de preferência, à classe dominante. Bastaria compreender seu sistema para reconhecê-lo como o melhor plano possível para a melhor sociedade possível.

Rejeitam, portanto, toda ação política e, sobretudo, toda ação revolucionária; procuram atingir seu objetivo por meios pacíficos e tentam abrir um caminho ao novo evangelho social pela força do exemplo, com experiências em pequena escala, que naturalmente sempre fracassam.

Essa descrição fantástica da sociedade futura, feita numa época em que o proletariado ainda pouco desenvolvido encara sua própria posição de um modo fantástico, corresponde às primeiras aspirações instintivas dos operários a uma completa transformação da sociedade.

Mas as obras socialistas e comunistas encerram também elementos críticos. Atacam todas as bases da sociedade existente. Por isso fornecem em seu tempo materiais de grande valor para esclarecer os operários. Suas proposições positivas sobre a sociedade futura, tais como a supressão do contraste entre a cidade e o campo, a abolição da família, do lucro privado e do trabalho assalariado, a proclamação da harmonia social e a transformação do Estado numa simples administração da produção – todas essas propostas apenas exprimem o desaparecimento do antagonismo entre as classes, antagonismo que mal se inicia e que esses autores conhecem somente em suas formas imprecisas. Assim, essas proposições têm ainda um sentido puramente utópico.

A importância do socialismo e do comunismo crítico-utópicos está na razão inversa do seu desenvolvimento histórico. À medida que a luta de classes se acentua e toma formas mais definidas, a fantástica pressa de abstrair-se dela, essa fantástica oposição que lhe é feita, perde qualquer valor prático, qualquer justificação teórica. Por isso, se em muitos aspectos os fundadores desses sistemas foram revolucionários, as seitas formadas por seus discípulos constituem sempre seitas reacionárias. Aferram-se às velhas concepções de seus mestres apesar do desenvolvimento histórico contínuo do proletariado. Procuram, portanto, e nisto são consequentes, atenuar a luta de classes e conciliar os antagonismos. Continuam a sonhar com a realização experimental de suas utopias sociais – instituição de falanstérios isolados, criação de colônias no interior, fundação de uma pequena Icária[8] (edição em formato reduzido da nova Jerusalém) e, para dar realidade a todos esses castelos no ar, veem-se obrigados a apelar para os bons sentimentos e os cofres dos filantropos burgueses. Pouco a pouco, caem na categoria dos socialistas reacionários ou conservadores descritos anteriormente e só se distinguem

---

[8] Falanstérios eram colônias socialistas projetadas por Charles Fourier; Icária era o nome dado por Cabet a seu país utópico e, mais tarde, à sua colônia comunista na América. (Nota de F. Engels à edição inglesa de 1888.)
Colônias no interior [*home colonies*] era como Owen chamava as sociedades comunistas-modelo. (Acrescentado por F. Engels à edição alemã de 1890.)

deles por um pedantismo mais sistemático, uma fé supersticiosa e fanática nos efeitos miraculosos de sua ciência social.

Por isso se opõem exasperados a qualquer ação política da classe operária, porque, segundo pensam, tal ação só poderia decorrer de uma descrença cega no novo evangelho.

Desse modo, os owenistas, na Inglaterra, e os fourieristas, na França, reagem respectivamente contra os cartistas e os reformistas*.

IV. Posição dos comunistas diante dos diversos partidos de oposição

O que já dissemos no capítulo II basta para determinar a relação dos comunistas com os partidos operários já constituídos e, por conseguinte, sua relação com os cartistas na Inglaterra e os reformadores agrários na América do Norte.

Os comunistas lutam pelos interesses e objetivos imediatos da classe operária, mas, ao mesmo tempo, defendem e representam, no movimento atual, o futuro do movimento. Aliam-se na França ao Partido Social-Democrata[9] contra a burguesia conservadora e radical, reservando-se o direito de criticar a fraseologia e as ilusões legadas pela tradição revolucionária.

Na Suíça, apoiam os radicais, sem esquecer que esse partido se compõe de elementos contraditórios, em parte socialistas democráticos, no sentido francês da palavra, em parte burgueses radicais.

Na Polônia, os comunistas apoiam o partido que vê numa revolução agrária a condição da libertação nacional, o partido que desencadeou a insurreição de Cracóvia em 1846**.

---

* Democratas republicanos e socialistas pequeno-burgueses, partidários do jornal francês *La Réforme* (1843-1850). Defendiam a instauração da república e a realização de reformas democráticas e sociais. (N. E.)

[9] Esse partido era representado no Parlamento por Ledru-Rollin [1807-1874], na literatura por Louis Blanc [1811-1882], na imprensa pelo jornal *La Réforme*. O nome social-democracia significava, para seus criadores, a parte do Partido Democrático ou Republicano com tendências mais ou menos socialistas. (Nota de F. Engels à edição inglesa de 1888.)

** Insurreição iniciada pelos democratas revolucionários poloneses (Dembowski e outros) em fevereiro de 1846, com o objetivo de conquistar a libertação nacional da Polônia. Foi derrotada no começo de março de 1846. (N. E.)

Na Alemanha, o Partido Comunista luta junto com a burguesia todas as vezes que esta age revolucionariamente – contra a monarquia absoluta, a propriedade rural feudal e a pequena burguesia.

Mas em nenhum momento esse partido se descuida de despertar nos operários uma consciência clara e nítida do violento antagonismo que existe entre a burguesia e o proletariado, para que, na hora precisa, os operários alemães saibam converter as condições sociais e políticas, criadas pelo regime burguês, em outras tantas armas contra a burguesia, para que, logo após terem sido destruídas as classes reacionárias da Alemanha, possa ser travada a luta contra a própria burguesia.

É sobretudo para a Alemanha que se volta a atenção dos comunistas, porque a Alemanha se encontra às vésperas de uma revolução burguesa e porque realizará essa revolução nas condições mais avançadas da civilização europeia e com um proletariado infinitamente mais desenvolvido que o da Inglaterra no século XVII e o da França no século XVIII; e porque essa revolução burguesa será, portanto, o prelúdio imediato de uma revolução proletária.

Em resumo, os comunistas apoiam em toda parte qualquer movimento revolucionário contra a ordem social e política existente.

Em todos esses movimentos põem em destaque, como questão fundamental, a questão da propriedade, qualquer que seja a forma, mais ou menos desenvolvida, de que esta se revista.

Finalmente, os comunistas trabalham pela união e pelo entendimento dos partidos democráticos de todos os países.

Os comunistas se recusam a dissimular suas opiniões e seus fins. Proclamam abertamente que seus objetivos só podem ser alcançados pela derrubada violenta de toda a ordem social existente. Que as classes dominantes tremam à ideia de uma revolução comunista! Nela os proletários nada têm a perder a não ser os seus grilhões. Têm um mundo a ganhar.

PROLETÁRIOS DE TODOS OS PAÍSES, UNI-VOS!

Capa da edição alemã de 1872, com prefácio de Marx e Engels.

Edição russa de 1882, traduzida por G. V. Plekhánov.

Primeiro prefácio escrito por Engels após a morte de Marx (1883).

Edição inglesa de 1888, a única de que Engels se ocupou pessoalmente.

Capa da edição alemã de 1890, com prefácio de Engels.

Terceira edição polonesa, impressa na Inglaterra em 1892.

Edição italiana do *Manifesto Comunista*, publicada em 1893.

PREFÁCIO À EDIÇÃO INGLESA DE 1888*

Friedrich Engels

O *Manifesto* foi publicado como plataforma da Liga dos Comunistas, associação de operários no princípio exclusivamente alemã e mais tarde internacional, que, nas condições políticas do continente anteriores a 1848, era inevitavelmente uma sociedade secreta. No Congresso da Liga, realizado em Londres em novembro de 1847, Marx e Engels foram incumbidos de escrever para fins de publicação um completo programa, teórico e prático do partido. Redigido em alemão, em janeiro de 1848, o manuscrito foi enviado ao editor de Londres poucas semanas antes da revolução francesa de 24 de fevereiro. Uma tradução francesa apareceu em Paris pouco antes da insurreição de junho de 1848. A primeira tradução inglesa, da Srta. Helen Macfarlane, foi publicada no *Red Republican* de George Julian Harney, Londres, 1850. Também foi publicado em dinamarquês e polonês.

A derrota da insurreição parisiense de junho de 1848 – a primeira grande batalha entre o proletariado e a burguesia – colocou novamente em um segundo plano as aspirações sociais e políticas do operariado europeu. A partir de então, a luta pela supremacia voltou a ser, como o fora antes da revolução de fevereiro, simplesmente uma luta entre diferentes camadas da classe proprietária; a classe operária foi levada a limitar-se a uma luta pela conquista de espaços políticos, assumindo posições da ala extrema dos radicais da classe média. Onde quer que o movimento proletário independente manifestasse sinais de vida, era logo impiedosamente esmagado. A polícia prussiana descobriu o Comitê Central da Liga dos Comunistas, então sediado em Colônia. Seus membros foram presos e, após dezoito meses

---

* Tradução de Álvaro Pina e Ivana Jinkings. (N. E.)

de encarceramento, julgados em outubro de 1852. O célebre "Processo Comunista de Colônia" estendeu-se de 4 de outubro a 12 de novembro; sete prisioneiros foram condenados a penas que variavam de três a seis anos de prisão numa fortaleza. Imediatamente após a sentença, a Liga foi formalmente dissolvida pelos membros remanescentes. Quanto ao *Manifesto*, este parecia ficar, a partir de então, relegado ao esquecimento.

Quando os operários europeus reuniram forças suficientes para um novo assalto ao poder das classes dirigentes, surgiu a Associação Internacional dos Trabalhadores. Seu objetivo era englobar, num único e poderoso exército, todo o operariado militante da Europa e da América. Portanto, não poderia *partir* dos princípios expressos no *Manifesto*. Deveria ter um programa que não fechasse as portas às *Trades Unions* inglesas, aos proudhonistas franceses, belgas, italianos e espanhóis ou aos lassallianos[1] alemães. Esse programa – as considerações básicas da Internacional – foi redigido por Marx, com maestria reconhecida até por Bakunin e pelos anarquistas. Para o triunfo decisivo das ideias formuladas pelo *Manifesto*, Marx dependia unicamente do desenvolvimento intelectual da classe operária, o qual deveria resultar da unidade da ação e da discussão. Os acontecimentos e as vicissitudes da luta contra o capital, as derrotas maiores que as vitórias, poderiam apenas mostrar aos combatentes a insuficiência de todas as panaceias em que acreditavam, fazendo-os compreender melhor as verdadeiras condições da emancipação da classe operária. E Marx tinha razão. A classe trabalhadora de 1874, por ocasião da dissolução da Internacional, era, em geral, diferente da de 1864, quando da sua fundação. O proudhonismo dos países latinos e o lassallismo propriamente dito na Alemanha estavam desaparecendo e até mesmo as *Trades Unions* inglesas, então ultraconservadoras, aproximaram-se pouco a pouco daquilo que, em 1887, o presidente do seu Congresso de Swansea dizia: "O socialismo continental não mais nos aterroriza". Mas, por essa época, o socialismo continental confundia-se, quase exclusivamente, com a teoria formulada no *Manifesto*.

Assim, o *Manifesto* propriamente dito tomou novamente a dianteira. Desde 1850, o texto alemão fora editado várias vezes na Suíça, na Inglaterra e na América. Em 1872, foi traduzido para o inglês, em Nova York, e publicado no *Woodhull and Claflin's Weekly*. Da versão inglesa foi feita a francesa, que surgiu no *Le Socialiste*

---

[1] Perante nós, pessoalmente, Lassalle sempre se reconheceu como discípulo de Marx e, como tal, situava-se no terreno do *Manifesto*. Mas, na sua agitação pública de 1862-1864, ele não foi além da reivindicação de oficinas cooperativas sustentadas por crédito estatal.

de Nova York. Desde então, publicaram-se mais duas traduções inglesas na América, mais ou menos incompletas, e uma delas foi editada na Inglaterra. A primeira tradução russa, de autoria de Bakunin, foi publicada na gráfica Kolokol, de Herzen, em Genebra, por volta de 1863; a segunda, pela heroica Vera Zasulitch*, também foi publicada em Genebra, em 1882. Encontra-se uma edição dinamarquesa de 1885 no Social-demokratisk Bibliothek, de Copenhague, e uma francesa no *Le Socialiste*, de 1886, em Paris. Desta última publicou-se uma versão espanhola, em 1886, em Madri. Perdeu-se a conta das edições alemãs; houve pelo menos doze delas. Eu soube que uma tradução armênia, que deveria ser publicada em Constantinopla alguns anos atrás, não se verificou porque o editor teve medo de publicar um livro que levasse o nome de Marx e o tradutor recusou-se a divulgá-la como obra sua. Já ouvi falar de outras traduções em outras línguas, embora não as tenha visto. Portanto, a história do *Manifesto* reflete, em grande parte, a história do movimento operário moderno; atualmente é, sem dúvida, a obra de maior circulação, a mais internacional de toda a literatura socialista, o programa comum adotado por milhões de trabalhadores, da Sibéria à Califórnia.

No entanto, quando surgiu, não podíamos chamá-lo um manifesto *socialista*. Em 1847, consideravam-se socialistas dois tipos diversos de pessoas. De um lado, havia os adeptos dos vários sistemas utópicos, principalmente os owenistas, na Inglaterra, e os fourieristas, na França, ambos já reduzidos a meras seitas agonizantes. De outro, os vários gêneros de curandeiros sociais, que queriam eliminar, por meio de suas várias panaceias e com todas as espécies de cataplasma, as misérias sociais, sem tocar no capital e no lucro. Nos dois casos, eram pessoas que não pertenciam ao movimento dos trabalhadores, preferindo apoiar-se nas classes "cultas". Em contrapartida, o setor da classe trabalhadora que exigia uma transformação radical da sociedade, convencido de que revoluções meramente políticas eram insuficientes, denominava-se então *comunista*. Tratava-se ainda de um comunismo mal esboçado, instintivo e, por vezes, grosseiro. Mas era bastante poderoso para dar origem a dois sistemas de comunismo utópico – na França, o "icariano" de Cabet e, na Alemanha, o de Weitling. Em 1847, o socialismo significava um movimento burguês, e o comunismo, um movimento da classe trabalhadora. Ao menos no continente, o socialismo era muito bem considerado,

---

* O tradutor foi, na verdade, George Plekhánov (1856-1918). Engels reconhecerá esse erro em um artigo no *Soziales aus Russiand*, em 1894. Nesta edição, os erros da primeira tradução (atribuída por Marx e Engels a Bakunin) foram eliminados e com ela iniciou-se uma ampla difusão das ideias do *Manifesto* na Rússia. (N. E.)

enquanto o comunismo era o oposto. E, como, desde então, éramos decididamente da opinião de que "a emancipação dos trabalhadores deve ser obra da própria classe trabalhadora", não podíamos hesitar entre os dois nomes a escolher. Posteriormente, nunca pensamos em modificá-lo.

Sendo o *Manifesto* nossa obra comum, cabe-se declarar que a proposição fundamental pertence a Marx. Essa proposição é a de que, em cada época histórica, a produção econômica, o sistema de trocas e a estrutura social que dela necessariamente decorre, constituem a base e a explicação da história política e intelectual dessa época; de que consequentemente (desde a dissolução do regime primitivo de propriedade comum da terra) toda a história da humanidade tem sido a história da luta de classes, conflitos entre explorados e exploradores, entre as classes dominadas e as dominantes; de que a história dessas lutas de classes se constitui de uma série de etapas, atingindo hoje um ponto em que a classe oprimida e explorada – o proletariado – não pode mais libertar-se da classe que explora e oprime – a burguesia – sem que, ao mesmo tempo, liberte, de uma vez por todas, toda a sociedade da exploração, da opressão, do sistema de classes e da luta entre elas.

Pouco a pouco, vários anos antes de 1845, fomos elaborando essa ideia que, em minha opinião, será para a história o que foi para a biologia a teoria de Darwin. O meu livro *A situação da classe trabalhadora na Inglaterra*[2] revela até onde fui nessa direção. Mas, quando reencontrei Marx, em Bruxelas, na primavera de 1845, ele já a elaborara completamente, expondo-a diante de mim mais ou menos tão claramente como fiz aqui.

Do nosso prefácio comum à edição alemã de 1872 cito o seguinte:

> Por mais que tenham mudado as condições nos últimos 25 anos, os princípios gerais expressados neste *Manifesto* conservam, em seu conjunto, toda a sua exatidão. Em algumas partes certos detalhes devem ser melhorados. Segundo o próprio *Manifesto*, a aplicação prática dos princípios dependerá, em todos os lugares e em todas as épocas, das condições históricas vigentes e por isso não se deve atribuir importância demasiada às medidas revolucionárias propostas no final da seção II. Hoje em dia, esse trecho seria redigido de maneira diferente em muitos aspectos. Em certos pormenores, esse programa está antiquado, levando-se em conta o desenvolvimento colossal da indústria moderna desde 1848, os progressos correspondentes da organização da classe operária e a experiência prática adquirida, primeiramente na Revolução de Fevereiro e,

---

[2] Friedrich Engels, *The Condition of the Working Class in England in 1844* (trad. Florence K. Wischnewetzky, Nova York/Lovell-Londres, W. Reeves, 1888) [ed. bras.: *A situação da classe trabalhadora na Inglaterra*. Trad. B. A. Schumann, São Paulo, Boitempo, 2008].

mais ainda, na Comuna de Paris, em que coube ao proletariado, pela primeira vez, a posse do poder político, durante quase dois meses. A Comuna de Paris demonstrou, especialmente, que "a classe operária não pode simplesmente se apossar da máquina do Estado tal como ela se apresenta e dela servir-se para seus próprios fins" (ver *A guerra civil na França*; "Mensagem do Conselho Geral da Associação Internacional dos Trabalhadores"*, de 1871, onde essa ideia é mais desenvolvida). Além do mais, é evidente que a crítica da literatura socialista mostra-se deficiente em relação ao presente, porque só chega a 1847; as observações sobre as relações dos comunistas com os diferentes partidos de oposição (seção IV), embora em princípio corretas, na prática estão desatualizadas, pois a situação política modificou-se totalmente e o desenvolvimento histórico fez desaparecer a maior parte dos partidos ali enumerados.

Entretanto, o *Manifesto* tornou-se um documento histórico que não nos cabe mais alterar.

A presente tradução é de Samuel Moore, o tradutor da maior parte de *O capital*, de Marx. Fizemos a revisão juntos, e acrescentei algumas notas com explicações históricas**.

Londres, 30 de janeiro de 1888

---

* Ed. bras.: Karl Marx, *A guerra civil na França* (São Paulo, Boitempo, 2011), p. 54. (N. E.)

** A tradução publicada neste volume tem por base o original alemão, mas inclui também as notas mencionadas por Engels. (N. E.)

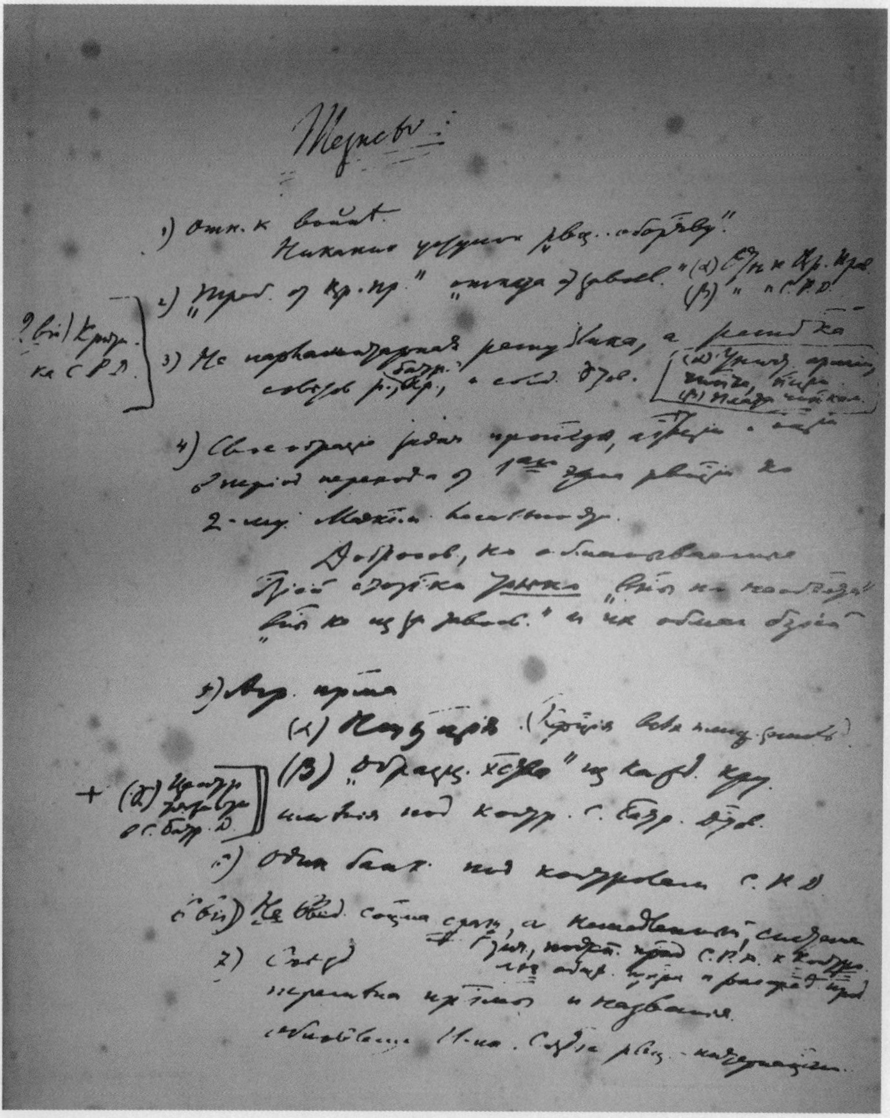

Manuscrito das *Teses de abril*.

TESES DE ABRIL

Vladímir Ilitch Lênin

Vladímir Ilitch Lênin, desenho de Nikolai Bukhárin, 15 de junho de 1927.

INTRODUÇÃO*

Tariq Ali

As ideias marxistas penetraram e se alastraram pela Rússia tsarista muito antes do que pela Inglaterra, onde o *Manifesto Comunista* foi publicado pela primeira vez e *O capital* foi redigido na íntegra. O impacto foi bem maior em São Petersburgo e Moscou do que em Londres ou Manchester. Algumas décadas mais tarde, Lênin confrontaria essa contradição entre teoria e prática e forneceria o alicerce político-teórico para superá-la em escala global. Ele argumentou que o desenvolvimento do capitalismo e sua extensão degenerada, o imperialismo, destruíram toda a capacidade progressista apresentada em sua fase inicial durante as batalhas contra o feudalismo absolutista. Era então um opressor, subjugando o mundo de acordo com seus próprios interesses mesquinhos:

> O primeiro período entre a grande Revolução Francesa e a Guerra Franco-Prussiana é o da ascensão da burguesia, de seu triunfo, da burguesia em pleno progresso, um período de movimentos burguês-democráticos em geral e de movimentos burguês-nacionais em particular, um período do rápido colapso da obsoleta instituição feudal-absolutista. O segundo período é aquele da total dominação e declínio da burguesia, o da transição de seu caráter progressista rumo ao capital financeiro reacionário e mesmo ultrarreacionário.[1]

O terceiro período que se estabeleceu, argumentou ele, foi crucial, pois "colocava a burguesia na mesma 'posição' em que se encontravam os senhores feudais durante o primeiro período. Trata-se da época do imperialismo e dos levantes imperialistas"; para ele, a lógica era então óbvia. Uma batalha generalizada entre a opressão global do capital e suas vítimas, com táticas desenvolvidas conforme o local e a necessidade.

---

* Tradução de Caco Ishak. (N. E.)
1 V. I. Lenin, "Under a False Flag", em *Lenin Collected Works*, v. 21 (Moscou, Progress, 1975), p. 146.

A afirmação de Lênin de que a corrente quebra primeiro no elo mais fraco mostrou-se correta, mas os demais elos capitalistas na Europa ocidental e nos Estados Unidos (e posteriormente na Ásia e na América do Sul) encadearam-se de volta, sobreviveram e se fortaleceram. No decurso de sua existência, o elo mais fraco da corrente capitalista acabou sendo o Estado imperial mais atrasado da Europa, a Rússia tsarista; o mais forte, sua contraparte industrializada mais avançada, a Inglaterra. A Alemanha situava-se em algum lugar entre os dois. Os escritos de Marx não ofereceram muita esperança ao pequeno, ainda que crescente, proletariado industrial russo. Ele praticamente declarou que uma revolução na Rússia seria impossível em teoria. Mais tarde, de fato chegou a mencionar *en passant* a possibilidade de a comuna campesina russa servir de base vermelha, mas essas foram essencialmente palavras ao léu concebidas de modo a não desencorajar demais seus seguidores russos.

A Revolução de Fevereiro, que derrubou o tsar em 1917, pegou de surpresa Lênin e todos os revolucionários exilados. A ideia de abordar os alemães em busca de um comboio especial de volta para casa partiu do líder menchevique de esquerda Julius Martov e, embora ele tenha se recusado a embarcar até que o conselho representativo (o soviete) em Petrogrado aprovasse a decisão, os demais foram menos escrupulosos. Era vital que retornassem quanto antes. Aceitar o auxílio oportunista da Alemanha não era lá grande coisa, já que uma revolução eclodiria também naquele país. O *kaiser* Wilhelm defendia o contrário. Ajudá-los se necessário for, caso isso encurte a guerra, disse ele aos seus altos funcionários, mas, depois que tomarmos a Rússia, destruiremos esses bolcheviques quais vermes. Os bolcheviques fiavam-se em que uma revolução alemã cuidaria desse problema.

Afinal, eles tinham feito oposição à barbárie da Primeira Guerra Mundial. Lênin, novamente isolado na conferência de Zimmerwald contra o conflito em 1917, insistira que o único objetivo crível seria transformar a guerra imperialista em uma guerra civil. O inimigo estava em casa. Outra manifestação do voluntarismo jacobino, seus opositores zombaram. Será que esse camarada nunca haveria de aprender? Contudo, a história, cujo ritmo havia sido acelerado pela guerra, fazia justiça a esse camarada. Nem mesmo Lênin chegara a imaginar que a guerra desintegraria o império tsarista tão depressa. Não se tratava de uma insurreição operária, e sim (ainda mais do que em 1905, após a derrota infligida pelos japoneses) de uma crescente percepção de que a guerra, no que dizia respeito à Rússia, não teria como ser vencida. Deserções, escassez de alimentos, uso de campesinos fardados como carne de canhão, tudo começava a dividir as tropas tsaristas. Os camponeses de farda que matavam e morriam nos campos de batalha da Primeira Guerra Mundial estavam sendo radicalizados.

Os três textos de Lênin foram escritos entre a eclosão da revolução, em fevereiro de 1917, e sua conclusão, em novembro daquele mesmo ano. Aleksandr Herzen insistira que a "dialética era a álgebra da revolução". Era uma frase desairosa, mas precisa. Qual seria a saída para tal contradição? Como esta poderia ser solucionada? Lênin ficou obcecado com essas questões. Sua solução foi enfatizar a primazia da política, da estratégia e da tática revolucionárias sobre a economia e a sociologia. Todas essas ideias tomaram forma em *Que fazer?**, seu panfleto de 1902 que, um ano mais tarde, rachou permanentemente o Partido Social-Democrata russo. Espontaneidade, argumentou Lênin, jamais seria o bastante. O sindicalismo, por sua própria natureza, era dependente do *status quo*. Sua dialética das conquistas parciais – se reivindicarmos mais, poderemos perder o que já conquistamos – transformava-o em uma força defensiva, conservadora e insuficiente. De todo modo, o proletariado russo era por demais pequeno e fraco econômica e socialmente para desencadear uma revolução por si só. O campesinato não era uma massa indiferenciada e inerte. Representava a maioria da população e deveria ser cativado, encorajado a romper os grilhões da opressão e unificado a outras forças para tomar de assalto as fortalezas do poder tsarista. Uma política radical requeria um instrumento radical: um partido político revolucionário. Tais ideias levaram às habituais acusações de sectarismo, utopismo, voluntarismo, jacobinismo.

Desde o início da revolução, Lênin vinha se afastando de suas atividades. Nada mais de palestras. Nada mais de debates em cafeterias. Sua principal tarefa, contou a Aleksandra Kollontai, consistia em redigir um artigo diário para o [jornal] *Pravda*, então legalizado. A imprensa havia se tornado uma engrenagem crucial. Em sua primeira "Carta de longe", ele explicou aos leitores russos de Zurique por qual motivo o que acontecera não era nenhum "milagre", conforme os líderes conservadores sugeriam, mas o começo de uma nova época, um período de guerras e revoluções:

> A primeira revolução gerada pela guerra mundial imperialista eclodiu. A primeira, mas, certamente, não a última. A julgar pelos escassos dados de que se dispõe na Suíça [...] esta primeira etapa certamente não será a última da nossa revolução. [...] Não há milagres na natureza nem na história, mas toda viragem brusca da história, incluindo cada revolução, oferece uma tal riqueza de conteúdo, desenvolve combinações de formas de luta e de correlação entre as forças combatentes de

---

* Ed. bras.: trad. Rubia Prates Goldoni, São Paulo, Martins Fontes, 2006. (N. E.)

tal modo inesperadas e originais que, para um espírito filisteu, muitas coisas devem parecer milagre. Para que a monarquia tsarista pudesse desmoronar em poucos dias, foi necessária a conjugação de uma série de condições de importância histórica mundial. [...] Esse "encenador" onipotente, esse poderoso acelerador, foi a guerra mundial imperialista.

No comboio selado que levava os exilados de volta à Rússia, Lênin se encontrava absorto em profunda reflexão. Relatos de testemunhas oculares concordam que ele pouco falava, e mesmo seus apontamentos habituais foram drasticamente reduzidos. Meditava sobre as possibilidades que ora se apresentavam ao partido clandestino que ele construíra com tanto esmero ao longo das duas décadas anteriores. Os quadros do partido, essencialmente revolucionários em tempo integral, seriam a única força preparada para fazer avançar a revolução. O partido clandestino já era então legalizado, seu jornal vinha sendo publicado e lido por milhares de pessoas, seus líderes haviam sido libertos e estavam à espera de Lênin em Petrogrado. A consciência campesina vinha sendo alterada pela guerra, e o seu impacto na zona rural da Rússia foi desastroso. As reflexões de Lênin voltavam-se constantemente aos escritos de Marx sobre o Estado e seus aparelhos. Conhecia bem os ensaios *O 18 de brumário de Luís Bonaparte** e *A guerra civil na França***, nos quais o pai fundador do movimento versara acerca da necessidade de confrontar o velho Estado e criar um novo: o Estado-comuna.

Quando enfim ocorreu a troca de trens em Estocolmo e os bolcheviques se uniram ao grupo de Lênin, fornecendo relatos em primeira mão sobre o que vinha de fato acontecendo, uma vez a caminho da estação Finlândia, em Petrogrado, o conceito de revolução estava muito mais claro na cabeça de Lênin. Seu jovem camarada Nikolai Bukhárin já havia concebido o lema "Destrua o Estado burguês", e Lênin considerou adotá-lo. Foi o texto de Marx, porém, que por fim o persuadiu. O modelo político era a Comuna de Paris, e a anacrônica Rússia havia gerado os órgãos da democracia direta sob a forma dos sovietes. Estes constituiriam a base das estruturas de um Estado alternativo em todos os níveis. O Estado-comuna era o único substituto possível ao Estado burguês e à degenerada monstruosidade tsarista na Rússia. Para Lênin, essas eram ideias práticas, bem distantes do utopismo, e forneceriam uma medida muito melhor da consciência de massa, além de mais democrática do que qualquer congresso burguês existente. Tudo isso acabaria desaguando em um de seus textos mais importantes, *O Estado e a revolução****.

---

* Ed. bras.: trad. Nélio Schneider, São Paulo, Boitempo, 2011. (N. E.)
** Ed. bras.: trad. Rubens Enderle, São Paulo, Boitempo, 2011. (N. E.)
***Ed. bras.: trad. Edições Avante! e Paula Almeida, São Paulo, Boitempo, no prelo. (N. E.)

Ele trabalhava sem parar no esboço de algo intitulado "Sobre as tarefas do proletariado na presente revolução", que viria a ser conhecido como *Teses de abril* e deixaria sua marca no século XX. Antes de Lênin, nenhum líder ou partido revolucionário havia tomado a decisão consciente de seguir pelo caminho que estavam prestes a trilhar. Nem os radicais à esquerda de Cromwell nem Robespierre e Saint-Just possuíam um mapa para o futuro. No Haiti, Toussaint L'Ouverture e seus jacobinos negros queriam abolir a escravidão e, em seguida, esperar para ver. Os líderes mexicanos do campesinato, Emiliano Zapata e Pancho Villa, de fato destruíram a oligarquia rural, mas foram enganados e manipulados pelos gringos e por uma elite pró-gringos com consequências desastrosas para o país. As reivindicações dos líderes chineses da Rebelião dos Boxers limitaram-se à soberania, e a república de Sun Yat-sen foi uma corajosa, porém malfadada, tentativa de criar uma democracia burguesa segundo o modelo ocidental.

Nas primeiras cartas de Zurique, de certa maneira Lênin evitara a questão. Seria a eclosão de fevereiro um levante democrático burguês, a exemplo da revolução de 1789 na França? Caso, como insistiam a ortodoxia marxista e a maioria dos líderes de então da social-democracia russa, as forças produtivas estivessem seriamente subdesenvolvidas tal qual de fato estavam na Rússia, quanto tempo levaria até que pudessem fazer uma revolução socialista? Os teóricos da social-democracia alemã mantiveram-se firmes neste ponto: queriam que seus próprios "métodos testados e aprovados" fossem o modelo para todos os partidos social-democratas. Primeiro, consolida-se a força eleitoral via Parlamento, em seguida obtém-se a maioria e, por fim, ataca-se o inimigo. Mas e quanto ao inimigo no seio do movimento operário, que semeara o caos em países como Alemanha, França, Inglaterra e em vários outros Estados europeus menores? Lênin nutria grande respeito por Karl Kautsky, mas, quando o partido alemão, com honoráveis exceções, decidiu apoiar a guerra mundial imperialista e votar a favor da liberação de verbas para a guerra, toda a reverência foi descartada de imediato. Tal fator, não raro subestimado, desempenhou um papel extremamente importante nas estimativas de Lênin. Desobrigado da necessidade de levar a sério o conselho do partido alemão, passou a reconsiderar o que deveria ser feito na Rússia. Qual era o propósito de uma revolução democrático-burguesa, se tudo o que esta fazia era conservar o poder nas mãos dos opressores pós-tsaristas, continuar com a guerra e ignorar as necessidades e reivindicações do campesinato e do proletariado? Talvez o que se impunha fosse uma revolução conjunta que levasse a cabo todas as demandas democráticas como um prelúdio de algo bem mais radical: uma revolução socialista. A Rússia emancipada como um trampolim para a revolução alemã e para outras que marcassem o início do fim para o imperialismo e suas colônias multicontinentais oprimidas. Ele vislumbrava a possibilidade de uma "ditadura revolucionário-democrática do proletariado e dos campesinos mais pobres" em oposição à ditadura do capital, que regia os países imperialistas, embora duvidasse de que um ornitorrinco desses pudesse ser concretizado.

Após o ensaio geral de 1905, Lênin criticou os argumentos apresentados por um grupo de socialistas liderados por Trótski. Acreditavam, retrucou Lênin, "que uma revolução socialista (ou seja, proletária) era possível, como se as forças produtivas do país fossem suficientemente desenvolvidas para que tal revolução pudesse ocorrer". Agora, com o despontar de uma revolução de fato, Lênin se viu seguindo na mesma direção. Suas *Teses de abril* abalaram o cerne do partido bolchevique. Lênin andava esbravejando contra as últimas edições do *Pravda*, nas quais Kámeniev e Stálin vinham manifestando apoio crítico ao governo provisório de Aleksandr Kérenski. O líder bolchevique exigia uma ruptura total por meio de um lema que urgisse o afastamento de todos os ministros capitalistas. Uma reivindicação cuja popularidade crescia conforme a guerra se prolongava e o governo se mostrava inapto em todas as frentes. Tanto no soviete, onde havia a predominância da direita, quanto no governo, os moderados se encontravam paralisados: "dupla impotência", como Trótski espirituosamente definiu a situação vigente.

Havia uma enorme multidão à espera de Lênin na estação Finlândia, incluindo autoridades do soviete. Passando por cima destas, dirigiu-se aos demais que haviam se reunido para recepcioná-lo, aos soldados, operários, estudantes e alguns intelectuais, afeiçoados ou não, que tornaram fevereiro possível. Mas, antes que pudesse falar, Tchkheídze, dirigente da delegação enviada pelo soviete de Petrogrado, deu-lhe as boas-vindas e um aviso:

> Camarada Lênin [...] desejamos as boas-vindas à Rússia. Mas... julgamos que a tarefa principal de uma democracia revolucionária consiste hoje na defesa da revolução contra quaisquer usurpações, sejam elas internas ou externas. Consideramos que tal objetivo requer não a desunião, mas o cerramento das fileiras democráticas. Esperamos que você almeje alcançar tais objetivos conosco.

Lênin não estava com disposição para isso e praticamente ignorou a delegação. Sem paciência para discursar, ficou parado como se nada ali lhe dissesse respeito e, então, virando as costas a toda a delegação de autoridades, deu esta "resposta":

> Caros camaradas, soldados, marinheiros e trabalhadores! Tenho o prazer de congratulá-los pela vitória da Revolução Russa, saudá-los como a vanguarda do

exército proletário internacional [...]. A guerra do banditismo imperialista é o começo da guerra civil na Europa [...]. Não tarda a hora em que, atendendo ao chamado de nosso camarada Karl Liebknecht [que ainda era vivo], o povo apontará suas armas para os exploradores capitalistas [...]. A Revolução Social Internacional já começou [...]. Não hoje, mas amanhã, qualquer dia, pode ocorrer o colapso geral do capitalismo europeu. A Revolução Russa que vocês realizaram deu o golpe inicial e inaugurou uma nova era. Viva a Revolução Social Internacional![2]

Suas palavras eram inflexíveis, mas ele ponderara sobre elas ao longo de várias semanas. Elas refletiam as dez teses que viriam a público em 7 de abril de 1917. Foram recebidas com um misto de perplexidade e comoção por parte de alguns tantos líderes bolcheviques e, naturalmente, de todos os demais partidos de esquerda. O estilo das teses foi qual uma rajada de metralhadora, seguida de um rufar desconexo de tambores. A última tese deixava claro que o campo de batalha por ele escolhido era internacional: "Renovação da Internacional. Iniciativa de constituir uma Internacional revolucionária, uma Internacional contra os sociais-chauvinistas e contra o 'centro'". Ele tinha em mente Kautsky e outros que, apesar das promessas em contrário a cada encontro da Segunda Internacional e do consenso universal no sentido de combater a iminente guerra imperialista por meio de uma greve em âmbito europeu, não foram capazes de resistir à onda de chauvinismo nacionalista. A capitulação se deu em larga escala e rachou o movimento operário por três quartos de século. Caso tivessem se oposto à guerra, sem dúvida os líderes do Partido Social-Democrata da Alemanha acabariam presos como Rosa Luxemburgo e seus camaradas, mas teriam sobrevivido incólumes à guerra e talvez não tivessem sucumbido à própria elite capitalista quando o conflito chegou ao fim e a Alemanha se tornou uma república. Poderia uma revolução socialista alemã ter sido então mais impressionante e mais teria sido conquistado do que a façanha isolada e isolante da *Spartakusbund* [Liga Espartaquista]? E, se sim, não teria tal acontecimento instigado um desfecho bastante diferente na Rússia? Lênin foi para sempre assombrado pela magnitude da traição de Kautsky e, em seu devido tempo, surgiu uma polêmica. O título, como era comum no caso de Lênin, deixava pouca margem para ambiguidades: *A revolução proletária e o renegado Kautsky**. Lênin era mestre em compreender a dialética entre amigo e inimigo[3]. As *Teses de abril* foram a resposta a seus antigos professores na Alemanha. Os trabalhadores e

---

2 Discurso de Lênin em 16 de abril de 1917, citado em Edmund Wilson, Rumo à estação Finlândia (trad. Paulo Henriques Britto, São Paulo, Companhia das Letras, 1986), p. 441.
* Ed. bras.: trad. Henrique Canary, São Paulo, Sundermann, 2005. (N. E.)
3 Cf. Tariq Ali, *The Dilemmas of Lenin: Terrorism, War, Empire, Love, Revolution* (Londres/Nova York, Verso, 2017).

seus aliados tinham então de lutar pelo poder, e assim aconteceu. Doze anos de lutas e derrotas foram condensados em um decisivo dia de ação. Vitória. Em suas "Notas em defesa das *Teses de abril*", Lênin novamente salientou a necessidade de um Estado-comuna:

> Devemos hábil e cuidadosamente arejar as ideias do povo, conduzir o proletariado e os campesinos mais pobres adiante, afastá-los do "duplo poder" em direção ao pleno poder dos sovietes de deputados operários, e tal é a comuna na acepção de Marx, na acepção da experiência de 1871.[4]

As ideias de Marx e a França revolucionária nunca o abandonaram, apesar da guerra civil e dos contratempos associados que se avizinhavam, e ele se voltou a elas enquanto jazia paralisado nos últimos dois anos de sua vida.

Londres, maio de 2016

---

4 V. I. Lenin, "*Notes for an Article or Speech in Defence of the April Theses*", em Collected Works, v. 24 (Moscou, Progress, 1964).

SOBRE AS TAREFAS DO PROLETARIADO NA PRESENTE REVOLUÇÃO (TESES DE ABRIL)*

Vladímir Ilitch Lênin

Tendo chegado a Petrogrado só no dia 3 de abril à noite, é natural que apenas em meu nome e com as reservas devidas a minha insuficiente preparação tenha podido apresentar na assembleia de 4 de abril um relatório sobre as tarefas do proletariado revolucionário**.

A única coisa que podia fazer para facilitar-me o trabalho – e aos oponentes de *boa-fé* – era preparar teses escritas. Li-as e entreguei o texto ao camarada Tseretiéli. Li-as bem devagar e por duas vezes: primeiro na assembleia dos bolcheviques e depois na de bolcheviques e mencheviques.

Publico estas minhas teses pessoais acompanhadas unicamente de brevíssimas notas explicativas, que no relatório foram desenvolvidas com muito maior amplitude.

Teses

1. Em nossa atitude perante a guerra, que por parte da Rússia continua a ser indiscutivelmente uma guerra imperialista, de rapina, mesmo sob o novo governo de Lvov e cia., em virtude do caráter capitalista deste governo, é intolerável a menor concessão ao "defensismo revolucionário".

---

* Tradução de Daniela Jinkings. (N. E.)

** Publicado no *Pravda*, n. 26, 7 abr. 1917, com a assinatura N. Lênin, este artigo contém as famosas *Teses de abril* de Lênin, lidas por ele em duas reuniões realizadas no Palácio da Táurida em 4 (17) de abril de 1917 (numa reunião dos bolcheviques e numa reunião conjunta de delegados bolcheviques e mencheviques para a Conferência do Soviete de Deputados Operários e Soldados de Toda a Rússia). O artigo foi reimpresso nos jornais bolcheviques *Sotsial-Demokrat* (Moscou), *Proletári* (Khárkov), *Krasnoiarski Rabotchi* (Krasnoiarsk), *Vperiod* (Ufa), *Bakínski Rabotchi* (Baku) e *Kavkazski Rabotchi* (Tinis), entre outros. (N. E.)

O proletariado consciente só pode dar seu assentimento a uma guerra revolucionária que justifique verdadeiramente o defensismo revolucionário nas seguintes condições: *a)* passagem do poder para as mãos do proletariado e dos setores pobres do campesinato que a ele aderem; *b)* renúncia de fato, e não em palavras, a todas as anexações; *c)* ruptura completa de fato com todos os interesses do capital.

Dada a indubitável boa-fé de grandes setores de representantes de massa do defensismo revolucionário, que admitem a guerra só como uma necessidade e não para fins de conquista, e por estarem sendo enganados pela burguesia, é preciso esclarecê-los sobre seu erro de modo particularmente minucioso, perseverante, paciente, explicar-lhes a ligação indissolúvel do capital com a guerra imperialista e demonstrar-lhes que sem derrubar o capital é *impossível* pôr fim à guerra com uma paz verdadeiramente democrática, e não imposta pela violência.

Organização da mais ampla propaganda deste ponto de vista entre os soldados que estão na frente de guerra.

Confraternização.

2. A peculiaridade do momento atual na Rússia consiste *na transição* da primeira etapa da revolução, que deu poder à burguesia por faltar ao proletariado o grau necessário de consciência e organização, *para* sua *segunda* etapa, que deve colocar o poder nas mãos do proletariado e das camadas pobres do campesinato.

Essa transição caracteriza-se, por um lado, pelo máximo de legalidade (a Rússia é *agora* o país mais livre do mundo entre todos os países beligerantes); por outro lado, pela ausência de violência contra as massas e, finalmente, pelas relações de confiança sem fundamento destas com o governo dos capitalistas, os piores inimigos da paz e do socialismo.

Essa peculiaridade exige de nós habilidade para nos adaptarmos às condições *especiais* do trabalho do partido entre as amplas massas do proletariado, duma amplitude sem precedentes, que acabam de despertar para a vida política.

3. Nenhum apoio ao governo provisório, explicar a completa falsidade de todas suas promessas, sobretudo a da renúncia às anexações. Desmascaramento, em vez da "exigência" inadmissível e semeadora de ilusões de que este governo, governo de capitalistas, *deixe* de ser imperialista.

4. Reconhecer o fato de que, na maior parte dos sovietes de deputados operários, nosso partido está em minoria e, no momento, em grande minoria, diante do *bloco de todos* os elementos oportunistas pequeno-burgueses, sujeitos à influência

da burguesia e que levam sua influência para o seio do proletariado, desde os socialistas populares e os socialistas revolucionários até o CO* (Tchkheídze, Tseretiéli etc.), Steklov etc.

Explicar às massas que os sovietes de deputados operários (SDO) são a *única* forma *possível* de governo revolucionário e que, por isso, enquanto *este* governo se deixar influenciar pela burguesia, nossa tarefa só pode consistir em *explicar* os erros de sua tática de modo paciente, sistemático, tenaz e adaptado especialmente às necessidades práticas das massas.

---

* *Socialistas revolucionários* (SR): partido pequeno-burguês formado na Rússia no final de 1901 e começo de 1902 pela fusão de vários grupos e círculos *naródnikis* (Sindicato dos Socialistas Revolucionários, Partido Socialista Revolucionário etc.). As opiniões dos socialistas revolucionários eram uma mistura eclética do narodnismo e do revisionismo – eles tentaram, como Lênin disse, "remendar os buracos das ideias *naródnikis* com pedaços de 'crítica' ao marxismo que está em moda". Durante a Primeira Guerra Mundial, a maioria dos membros manteve uma postura social-chauvinista. Depois da vitória da revolução democrático-burguesa em fevereiro de 1917, os socialistas revolucionários, ao lado dos mencheviques e democratas constitucionalistas, foram o esteio do governo provisório da contrarrevolução da burguesia e dos latifundiários, e os líderes do partido (Kérenski, Aksentiev, Tchernov) foram membros desse governo. O Partido Socialista Revolucionário se recusou a apoiar as exigências de abolição de latifúndios e de fato defendeu a propriedade privada da terra; os ministros do SR no governo provisório enviaram expedições punitivas contra os camponeses que haviam tomado latifúndios. Na véspera da insurreição armada de outubro, esse partido se aliou abertamente à burguesia contrarrevolucionária em defesa do sistema capitalista e ficou isolado da massa da população revolucionária.
No final de novembro de 1917, a ala esquerda do partido fundou um Partido Socialista Revolucionário de Esquerda. Numa tentativa de manter sua influência entre as massas camponesas, os SR de Esquerda reconheceram formalmente o governo soviete e entraram em acordo com os bolcheviques, mas rapidamente se voltaram contra o governo soviete.
Socialistas populares: membros do pequeno-burguês Partido Socialista Popular do Trabalho, que se separou da ala direita do Partido Socialista Revolucionário em 1906. Os socialistas populares pronunciaram-se por um bloco com os democratas constitucionalistas. Lênin chamou-os de "socialistas-democratas-constitucionalistas", "oportunistas pequeno-burgueses" e "mencheviques socialistas revolucionários", que oscilavam entre os democratas constitucionalistas e os socialistas revolucionários, sublinhando que esse partido "pouco se diferenciava dos democratas constitucionalistas, pois recusava a reivindicação da república e de nacionalização da terra". Os líderes do partido eram A. V. Pechekhónov, N. F. Ánnienski, V. A. Miakótin e outros. Durante a Primeira Guerra Mundial, os socialistas populares assumiram uma posição social-chauvinista. Depois da revolução democrático-burguesa de fevereiro de 1917, os socialistas populares se fundiram com os trudoviques e apoiaram ativamente o governo provisório burguês, no qual estavam representados.
O Comitê de Organização (CO) centro-menchevique dirigente foi inaugurado na conferência de liquidacionistas de agosto de 1912. Na Primeira Guerra Mundial, o Comitê de Organização seguiu uma política social-chauvinista, justificou a participação da Rússia tsarista na guerra e espalhou propaganda jingoísta. Publicou uma revista, *Nacha Zariá* [Nossa Aurora], e, após seu encerramento, *Nache Diélo* [Nossa Causa], depois *Diélo*, além do jornal *Rabótcheie Útro* [A Manhã Operária], posteriormente renomeado *Útro*. O CO funcionou até as eleições do Comitê Central Menchevique em agosto de 1917. Além do CO, que atuava dentro da Rússia, havia um Secretariado Externo composto por cinco secretários: P. B. Axelrod, I. S. Ástrov-Poves, Iu. O. Martov, A. S. Martynov e S. Y. Siemkóvski. Seguia uma linha pró-centrista e utilizava fraseologia internacionalista para encobrir seu apoio aos sociais-chauvinistas russos. O Secretariado Externo publicou um jornal, Izviéstia [Notícias], de fevereiro de 1915 a março de 1917. (N. E.)

Enquanto estivermos em minoria, desenvolveremos um trabalho de crítica e esclarecimento dos erros, defendendo ao mesmo tempo a necessidade de que todo o poder de Estado passe para os sovietes de deputados operários, a fim de que, sobre a base da experiência, as massas se libertem dos seus erros.

5. Não uma república parlamentar – regressar dos SDO a ela seria um passo atrás, mas uma república dos sovietes de deputados operários, assalariados agrícolas e camponeses de todo o país, de baixo para cima.

Supressão da polícia, do Exército e do funcionalismo[1].

A remuneração de todos os funcionários, elegíveis e exoneráveis em qualquer momento, não deverá exceder o salário médio de um bom operário.

6. No programa agrário, transferir o centro de gravidade para os sovietes de deputados assalariados agrícolas.

Confisco de *todas* as terras do país, com os sovietes locais de deputados assalariados agrícolas e camponeses dispondo delas. Criação de sovietes de deputados dos camponeses pobres. Fazer de cada grande herdade (com dimensão de cerca de 100 a 300 deciatinas*, segundo as condições locais ou outras condições e segundo a determinação das instituições locais) uma exploração-modelo sob o controle dos deputados assalariados agrícolas e por conta da coletividade.

7. Fusão imediata de todos os bancos do país num banco nacional único e introdução do controle por parte dos SDO.

8. Não "introdução" do socialismo como nossa tarefa *imediata*, mas apenas passar imediatamente ao *controle* da produção social e da distribuição dos produtos por parte dos SDO.

9. Tarefas do partido:

   a) congresso imediato do partido;

   b) modificação do programa do partido, principalmente:

      1) sobre o imperialismo e a guerra imperialista;

      2) sobre a posição perante o Estado e nossa reivindicação de um "Estado-Comuna"[2];

---

[1] Isto é, substituição do exército permanente pelo armamento geral do povo.

* Antiga medida agrária russa, correspondente a pouco mais de 1 hectare. (N. E.)

[2] Isto é, de um Estado cujo protótipo foi a Comuna de Paris.

3) emenda do programa mínimo, já antiquado;

c) mudança de denominação do partido³.

10 Renovação da Internacional.

Iniciativa de constituir uma Internacional revolucionária, uma Internacional contra os *sociais-chauvinistas* e contra o "centro"⁴.

Para que o leitor compreenda por que tive de sublinhar de maneira especial, como rara exceção, o "caso" de oponentes de boa-fé, convido-o a comparar estas teses com a seguinte objeção do sr. Goldenberg: Lênin "hasteou a bandeira da guerra civil no seio da democracia revolucionária" (citado no *Iedínstvo** do sr. Plekhánov, n. 5).

Uma pérola, não é verdade?

Escrevo, publico e explico: "Dada a indubitável boa-fé de *grandes* setores de representantes de *massas* do defensismo revolucionário... por estarem sendo enganados pela burguesia é preciso esclarecê-los sobre seu erro de modo *particularmente* minucioso, *paciente* e perseverante...".

E esses senhores da burguesia, que se dizem social-democratas, que não pertencem nem aos *grandes* setores nem aos representantes de *massas* do defensismo, apresentam de rosto sereno minhas opiniões, expõem-nas assim: "hasteou (!) a bandeira (!) da guerra civil" (sobre a qual não há uma palavra nas teses, não há uma palavra no relatório!) "no seio (!!) da democracia revolucionária...".

Que significa isso? Em que se distingue de uma agitação de pogromistas da *Rússkaia vólia***?

---

³ Em lugar de "social-democracia", cujos chefes oficiais traíram o socialismo no mundo *inteiro*, passando para o lado da burguesia (os "defensistas" e os vacilantes "kautskianos"), devemos denominar-nos *Partido Comunista*.

⁴ O "centro" no movimento da social-democracia internacional é a tendência que vacila entre os chauvinistas ("defensistas") e os internacionalistas, isto é, Kautsky e cia. na Alemanha, Longuet e cia. na França, Tchkheídze e cia. na Rússia, Turati e cia. na Itália, MacDonald e cia. na Inglaterra etc.

* *Iedínstvo* [Unidade]: jornal diário publicado em Petrogrado de março a novembro de 1917, e com um nome diferente a partir de dezembro 1917 e janeiro de 1918. Editado por G. V. Plekhanov. Uniu a extrema direita menchevique e ofereceu suporte velado ao governo provisório. (N. E.)

** *Rússkaia vólia* [Liberdade Russa]: jornal diário fundado e dirigido pelos grandes bancos. Manteve uma campanha provocadora de tumultos contra os bolcheviques. Existiu em Petrogrado de dezembro de 1916 a outubro de 1917. (N. E.)

Escrevo, publico e explico: "Os sovietes de DO são a *única* forma *possível* de governo revolucionário e, por isso, nossa tarefa só pode consistir em *explicar* os erros de sua tática de modo paciente, sistemático, tenaz e adaptado especialmente às necessidades práticas das massas...".

Mas oponentes de uma certa espécie expõem minhas opiniões como um apelo à "guerra civil no seio da democracia revolucionária"!

Ataquei o governo provisório por *não* marcar um prazo próximo, absolutamente nenhum prazo, para a convocação da Assembleia Constituinte e se limitar a promessas. Demonstrei que *sem* os sovietes de deputados operários e soldados não está garantida a convocação da Assembleia Constituinte, e seu êxito é impossível.

E atribuem-me a opinião de que sou contrário à convocação imediata da Assembleia Constituinte!

Qualificaria tudo isso de expressões "delirantes" se dezenas de anos de luta política não me tivessem ensinado a considerar a boa-fé dos oponentes uma rara exceção.

Em seu jornal, o sr. Plekhánov qualificou meu discurso de "delirante". Muito bem, sr. Plekhánov! Mas veja quão desajeitado, inábil e pouco perspicaz é você em sua polêmica. Se durante duas horas pronunciei um discurso delirante, como é que centenas de ouvintes aguentaram esse "delírio"? Mais ainda. Para que dedica o seu jornal toda uma coluna a relatar um "delírio"? Inconsistente, muito inconsistente!

É muito mais fácil, naturalmente, gritar, insultar e vociferar do que tentar expor, explicar e recordar *como* raciocinaram Marx e Engels em 1871, 1872 e 1875 sobre a experiência da Comuna de Paris e sobre o *tipo* de Estado de que o proletariado necessita.

Provavelmente o ex-marxista sr. Plekhánov não deseja recordar o marxismo.

Citei as palavras de Rosa Luxemburgo, que em 4 de agosto de 1914 chamou a social-democracia *alemã* de "cadáver malcheiroso". E os senhores Plekhánov, Goldenberg e cia. sentem-se "ofendidos"... por quem? Pelos chauvinistas *alemães*, qualificados de chauvinistas!

Enredaram-se os pobres sociais-chauvinistas russos, socialistas nas palavras e chauvinistas de fato.

CARTAS DE LONGE*
(7 a 26 de março de 1917)**

Vladímir Ilitch Lênin

Carta 1
A primeira etapa da primeira revolução***

A primeira revolução gerada pela guerra mundial imperialista eclodiu. A primeira, mas, certamente, não a última.

---

* Tradução de Daniela Jinkings. (N. E.)

** As primeiras quatro *Cartas de longe* foram escritas entre 7 e 12 (20 e 25) de março; a quinta carta, não terminada, foi escrita na véspera da partida de Lênin da Suíça, em 26 de março (8 de abril) de 1917. Assim que chegaram até ele as primeiras notícias dos eventos revolucionários na Rússia e da composição do governo provisório burguês e do Comitê Executivo do Soviete de Petrogrado, Lênin começou a trabalhar num artigo para o *Pravda* – ele via a imprensa como um importante veículo de organização e propaganda. "A imprensa é agora o principal", ele escreveu para Aleksandra Kollontai em 3 (16) de março. "Não posso dar palestras ou participar de reuniões, porque devo escrever diariamente para o *Pravda*", escreveu para V. A. Karpínski em 8 (21) de março, em resposta ao convite para dar uma palestra sobre as tarefas do partido na revolução para imigrantes russos e socialistas suíços em Genebra. A primeira e a segunda das *Cartas de longe* foram enviadas para Aleksandra Kollontai em Oslo no dia 9 (22) de março para serem encaminhadas a Petrogrado em 17 (30) de março. Lênin perguntou a J. S. Hanecki se as primeiras quatro cartas tinham chegado ao *Pravda* em Petrogrado, acrescentando que, caso contrário, ele mandaria cópias. As cartas foram levadas a Petrogrado por Aleksandra Kollontai, que as entregou ao *Pravda* em 19 de março (1º de abril).
A primeira apareceu nos números 14 e 15 do *Pravda*, em 21 e 22 de março (3 e 4 de abril) com abreviações consideráveis e certas modificações do conselho editorial que, conformado na metade de março, incluía L. B. Kámeniev e J. V. Stálin. A segunda, terceira e quarta cartas não foram publicadas em 1917. (N. E.)

*** Os editores do *Pravda* suprimiram cerca de um quinto da primeira carta. Os cortes diziam respeito principalmente à caracterização que Lênin fazia dos líderes mencheviques e socialistas revolucionários como conciliadores e bajuladores da burguesia, com suas tentativas de esconder do povo o fato de os representantes dos governos inglês e francês terem ajudado democratas constitucionalistas e outubristas a assegurarem a abdicação de Nicolau II, e também à exposição de Lênin das tendências monarquistas e imperialistas do governo provisório, que foi obrigado a continuar a guerra predatória. (N. E.)

A julgar pelos escassos dados de que se dispõe na Suíça, a primeira etapa desta primeira revolução, isto é, da revolução *russa* de 1º de março de 1917, terminou. Essa primeira etapa certamente não será a última da nossa revolução.

Como pôde dar-se um tal "milagre", como foi possível que, em apenas oito dias – o período indicado pelo sr. Miliúkov no seu jactancioso telegrama a todos os representantes da Rússia no estrangeiro –, se tenha desmoronado uma monarquia que se manteve durante séculos e que o tinha conseguido, apesar de tudo, durante os três anos das tremendas batalhas de classe de que participou todo o povo, no período 1905-1907?

Não há milagres na natureza nem na história, mas toda viragem brusca da história, incluindo cada revolução, oferece uma tal riqueza de conteúdo, desenvolve combinações de formas de luta e de correlação entre as forças combatentes de tal modo inesperadas e originais que, para um espírito filisteu, muitas coisas devem parecer milagre.

Para que a monarquia tsarista pudesse desmoronar em poucos dias, foi necessária a conjugação de uma série de condições de importância histórica mundial. Indiquemos as mais importantes.

Sem os três anos de formidáveis batalhas de classe e a energia revolucionária do proletariado russo, em 1905-1907, seria impossível uma segunda revolução tão rápida, no sentido de ter concluído a sua *etapa inicial* em poucos dias. A primeira revolução (1905) revolveu profundamente o terreno, arrancou pela raiz preconceitos seculares, despertou para a vida e a luta políticas milhões de operários e dezenas de milhões de camponeses, revelou umas às outras, e ao mundo inteiro, *todas as classes* (e todos os partidos principais) da sociedade russa na sua verdadeira natureza, na verdadeira correlação dos seus interesses, das suas forças, das suas formas de ação, dos seus objetivos imediatos e futuros. A primeira revolução e a época contrarrevolucionária que se lhe seguiu (1907-1914) revelaram toda a essência da monarquia tsarista, levaram-na até o "último limite", puseram a nu toda a podridão e infâmia, todo o cinismo e corrupção da corja tsarista com esse monstro, Raspútin, à frente, toda a brutalidade da família Románov – esses pogromistas que inundaram a Rússia com o sangue de judeus, de operários, de revolucionários, esses *latifundiários*, "os primeiros entre os seus pares", que *possuíam milhões* de deciatinas de terra e que estavam dispostos a todas as brutalidades, a todos os crimes, a arruinar e estrangular qualquer número de cidadãos, para preservar a sua, *e da sua classe*, "sacrossanta propriedade".

Sem a Revolução de 1905-1907, sem a contrarrevolução de 1907-1914, teria sido impossível uma "autodeterminação" tão clara de todas as classes do povo russo e dos povos que habitam a Rússia; uma determinação da relação dessas classes entre si e com a monarquia tsarista que se manifestou durante os oito dias foi "representada", se nos é permitido exprimir-nos em termos metafóricos, como que depois de uma dezena de ensaios gerais e parciais; os "atores" conheciam-se uns aos outros, seus papéis, seus lugares, seu cenário, detalhadamente, de ponta a ponta, até o menor matiz das orientações políticas e métodos de ação.

Mas a primeira, a grande Revolução de 1905, que os senhores Gutchkov e Miliúkov e seus lacaios condenaram como uma "grande rebelião", deu origem, doze anos mais tarde, à "brilhante", "gloriosa" Revolução de 1917, chamada "gloriosa" pelos Gutchkov e Miliúkov porque (*por enquanto*) lhes deu o poder – era preciso ainda um grande, poderoso, onipotente "encenador" que, por um lado, estivesse em condições de acelerar em enorme escala o curso da história mundial e, por outro, de gerar crises mundiais, econômicas, políticas, nacionais e internacionais de intensidade inédita. Além de uma extraordinária aceleração da história mundial, eram igualmente necessárias viragens particularmente bruscas desta para que, numa delas, o carro da monarquia dos Románov, manchado de sangue e de lama, pudesse ser virado *de um só golpe*.

Esse "encenador" onipotente, esse poderoso acelerador, foi a guerra mundial imperialista.

Agora já não há dúvida de que esta guerra é mundial, pois os Estados Unidos e a China hoje estão meio envolvidos nela, e amanhã o estarão completamente.

Agora não há mais dúvidas de que se trata de uma guerra imperialista de *ambos* os lados. Só os capitalistas e seus lacaios, os sociais-patriotas e sociais-chauvinistas, ou – usando, em lugar de definições críticas gerais, nomes políticos conhecidos na Rússia – só os Gutchkov e os Lvov, os Miliúkov e os Chingariov, por um lado, e, por outro, só os Gvózdiev, os Potriéssov, os Tchkenkeli, os Kérenski e os Tchkheídze podem negar ou escamotear esse fato. *Tanto* a burguesia alemã *como* a anglo--francesa fazem a guerra para saquear outros países, para estrangular os pequenos povos, para obter a supremacia financeira sobre o mundo, para partilhar e redistribuir as colônias, para salvaguardar o regime capitalista agonizante, enganando e desunindo os operários dos diferentes países.

Era objetivamente inevitável que a guerra imperialista acelerasse e agudizasse extraordinariamente a luta de classes do proletariado contra a burguesia e se transformasse numa guerra civil entre as classes inimigas.

Essa *transformação iniciou-se* com a Revolução de Fevereiro-Março de 1917, cuja primeira etapa nos mostrou, em primeiro lugar, um golpe conjunto contra o tsarismo desferido por duas forças: por um lado, pela Rússia burguesa e latifundiária, com todos os seus lacaios inconscientes e com todos os seus dirigentes conscientes na pessoa dos embaixadores e capitalistas anglo-franceses, e, por outro, pelo *Soviete de Deputados Operários*, que começou a atrair deputados soldados e camponeses*.

---

* Aqui, Lênin se refere ao Soviete de Deputados Operários de Petrogrado, que emergiu nos primeiros dias da Revolução de Fevereiro. As eleições para o soviete tiveram início espontaneamente em fábricas individuais e em poucos dias se espalharam para todas as fábricas da capital. Em 27 de fevereiro (12 de março), antes que os sovietes tivessem se juntado para sua primeira reunião, os liquidacionistas mencheviques K. A. Gvózdiev e B. O. Bogdánov, e membros da Duma, N. S. Tchkheídze, M. I. Skóbeliev e outros, proclamaram-se o Comitê Executivo Provisório dos Sovietes, numa tentativa de controlá-lo totalmente. Em sua primeira reunião, na noite do mesmo dia, o soviete formou um *presidium* composto por Tchkheídze, Kérenski e Skóbeliev, que, ao lado de A. G. Shliápnikov, N. N. Sukhanov e Y. M. Steklov, criaram o Comitê Executivo. Foram tomadas as medidas necessárias para a inclusão de representantes dos comitês central e de Petrogrado dos partidos socialistas. Os socialistas revolucionários a princípio se opuseram à organização do soviete, mas depois nomearam seus representantes, V. A. Aleksándrovitch, V. M. Zenzínov e outros.

O soviete se autoproclamou o órgão dos operários e soldados e, até o primeiro Congresso dos Sovietes (junho de 1917), foi um Comitê Central para Toda a Rússia. No dia 1º (14) de março, o Comitê Executivo foi aumentado para incluir deputados soldados, entre os quais F. F. Linde, A. I. Paderin e A. D. Sadóvski.

O Comitê Executivo foi composto, entre outros, de N. S. Tchkheídze, Y. M. Steklov, B. O. Bogdánov, P. I. Stutchka, P. A. Krássikov e K. A. Gvózdiev. N. S. Tchkheídze e A. F. Kérenski foram também indicados delegados para representar o soviete no Comitê da Duma.

Em 28 de fevereiro, o soviete publicou seu "Manifesto para a população de Petrogrado e da Rússia". Ele chamava a população a se reunir ao redor do soviete e cuidar da administração de assuntos locais. Em 1º (14) de março, o soviete indicou diversas comissões – para alimentos, assuntos militares, ordem pública e imprensa. Esta última providenciou o primeiro conselho editorial do *Izviéstia*, composto de N. K. Sokolov, Y. M. Steklov, N. N. Sukhánov e K. S. Griniésvitch; V. A. Bazárov e B. V. Avílov foram incluídos algum tempo depois.

Membros social-democratas das quatro Dumas de Estado, cinco representantes da Comissão de Soldados, dois representantes do Bureau Central dos Sindicatos, representantes dos sovietes de bairro, o conselho editorial do *Izviéstia* e outras organizações participaram de reuniões do Comitê Executivo, em caráter consultivo.

O soviete indicou delegações especiais para organizar os sovietes de bairro e começou a formação de uma milícia (cem voluntários para cada mil operários).

Apesar de a liderança do soviete estar nas mãos de elementos conciliadores, a pressão dos operários e soldados militantes o obrigou a tomar uma série de medidas revolucionárias – a prisão de oficiais tsaristas, a liberação de prisioneiros políticos etc.

Em 1º (14) de março, o soviete lançou a "Ordem Número 1 para a Unidade Militar de Petrogrado", que teve um importante papel no revolucionamento do Exército. A partir dela, todas as unidades militares ficavam subordinadas em suas ações políticas unicamente ao soviete, todos os armamentos foram postos à disposição e sob o controle dos comitês de companhia e de batalhão, as ordens do Comitê Provisório da Duma de Estado só deviam ser cumpridas se não conflitassem com as ordens do soviete etc.

Esses três campos políticos: 1) a monarquia tsarista, cabeça dos latifundiários feudais, cabeça da velha burocracia e do generalato; 2) a Rússia burguesa e latifundiária--outubrista-democrata-constitucionalista, atrás da qual se arrastava a pequena burguesia (os seus representantes principais são Kérenski e Tchkheídze); 3) o Soviete de Deputados Operários, procurando tornar seus aliados todo o proletariado e toda a massa mais pobre da população – essas três forças políticas *fundamentais*, revelaram-se com toda a clareza ainda nos oito dias da "primeira etapa" e até para um observador tão afastado dos acontecimentos e obrigado a limitar-se aos escassos telegramas dos jornais estrangeiros como o autor destas linhas.

Mas, antes de falar disso mais pormenorizadamente, tenho de voltar à parte da minha carta que é consagrada ao fator de maior importância – a guerra mundial imperialista.

A guerra ligou uns aos outros, *com cadeias de ferro*, as potências em luta, os grupos beligerantes de capitalistas, os "senhores" do sistema capitalista, os escravistas da escravatura capitalista. *Um só novelo sangrento* – eis o que é a vida sociopolítica do momento histórico que atravessamos.

Os socialistas que passaram para o lado da burguesia no início da guerra, todos esses David e Scheidemann na Alemanha, Plekhánov-Potriéssov-Gvózdiev e cia. na Rússia gritam muito e a plenos pulmões contra as "ilusões" dos revolucionários, contra as "ilusões" do *Manifesto de Basileia*, contra o "ridículo sonho" da transformação da guerra imperialista numa guerra civil. Eles cantaram em todos os tons a força, a vitalidade e a adaptabilidade que o capitalismo teria revelado, *eles* que ajudaram os capitalistas a "adaptar", domar, burlar e dividir as classes operárias dos diferentes países.

Mas "quem ri por último ri melhor". A burguesia não foi capaz de adiar por muito tempo a crise revolucionária gerada pela guerra. A crise cresce com força irresistível em todos os países, começando pela Alemanha, a qual, na expressão de um observador que a visitou há pouco, atravessa uma "fome genialmente organizada", e terminando pela Inglaterra e pela França, onde a *fome* se avizinha *também* e onde a organização é muito menos "genial".

Mas, no momento crucial, na noite que se seguiu a 1º (14) de março, os membros conciliadores do Comitê Executivo do soviete cederam voluntariamente o poder à burguesia, ratificando o governo provisório, constituído por burgueses e latifundiários. Esse ato não foi conhecido no estrangeiro, uma vez que os jornais da esquerda dos democratas constitucionalistas não tinham permissão para deixar o país. Lênin só teve conhecimento disso depois de chegar à Rússia. (N. E.)

Era natural que, na Rússia tsarista, onde a desorganização era a mais monstruosa e onde o proletariado é o mais revolucionário (não por causa das qualidades particulares, mas em virtude das tradições vivas do "ano cinco"), a crise revolucionária eclodisse *mais cedo que em qualquer outro país*. Essa crise foi acelerada por uma série de derrotas gravíssimas infligidas à Rússia e aos seus aliados. As derrotas desorganizaram o antigo mecanismo governamental e o antigo regime, provocaram o ódio de *todas* as classes da população contra eles, exasperaram o Exército e destruíram em grande medida o seu velho corpo de comando, composto de aristocratas fossilizados e burocratas excepcionalmente corruptos, substituindo-o por um pessoal jovem, novo, predominantemente burguês, *raznotchínets* e pequeno-burguês. Aqueles que abertamente rastejam perante a burguesia ou que simplesmente são desprovidos de caráter, os que gritavam e vociferavam contra o "derrotismo", estão agora colocados perante o fato da ligação histórica existente entre a derrota da monarquia tsarista, a mais atrasada e a mais bárbara, e o *começo* do incêndio revolucionário.

Mas, se as derrotas no início da guerra desempenharam o papel de um fator negativo, que veio apressar a explosão, a *ligação* do capital financeiro e do imperialismo anglo-franceses com o capital outubrista-democrata-constitucionalista da Rússia foi o fato que acelerou essa crise, por meio da *organização* direta de *uma conspiração* contra Nicolau Románov.

Por razões compreensíveis, esse lado extremamente importante da questão é deixado de lado pela imprensa anglo-francesa e é maliciosamente salientado pela alemã. Nós, marxistas, devemos serenamente encarar a verdade, sem nos deixarmos perturbar pela mentira oficial adocicada dos diplomatas e ministros do primeiro grupo beligerante nem pelo riso afetado de seus rivais financeiros e militares do segundo grupo. Todo o curso dos acontecimentos da Revolução de Fevereiro-Março mostra claramente que as embaixadas inglesa e francesa, com os seus agentes e "ligações", que há muito faziam os mais desesperados esforços para impedir acordos "separados" e uma paz separada entre Nicolau II (esperamos e faremos o necessário para que seja o último) e Wilhelm II, organizaram diretamente a conspiração, em conjunto com uma parte do generalato e do corpo de oficiais do Exército e, em especial, da guarnição de Petersburgo, para *depor* Nicolau Románov.

Não nos iludamos. Não caiamos no erro dos que estão prontos agora a cantar – à semelhança de alguns "okistas" ou "mencheviques" que oscilam entre o gvózdievismo-

-potriessovismo e o internacionalismo, desviando-se com demasiada frequência em direção ao pacifismo pequeno-burguês – o "acordo" do partido operário com os democratas constitucionalistas, o "apoio" daquele a estes etc. Essas pessoas, em conformidade com a sua velha e decorada doutrina (que não é, de modo algum, marxista), lançam um véu sobre a conspiração dos imperialistas anglo-franceses com os Gutchkov e Miliúkov, que tem como fim depor o "principal guerreiro", Nicolau Románov, e substituí-lo por *guerreiros* mais enérgicos, mais frescos, mais capazes.

Se a revolução venceu tão rapidamente e – à primeira vista – de modo tão radical, foi apenas porque, por força de uma situação histórica extremamente original, *fundiram-se*, com uma notável "harmonia", *correntes absolutamente diferentes*, interesses de classe *absolutamente heterogêneos*, tendências políticas e sociais *absolutamente opostas*. A saber: a conspiração dos imperialistas anglo-franceses que impeliram Miliúkov, Gutchkov e cia. a tomarem o poder *para prosseguir a guerra imperialista*, para sua condução com ainda maior obstinação e violência, para o *extermínio de milhões* de operários e camponeses da Rússia, para a obtenção de Constantinopla... pelos Gutchkov, da Síria... pelos capitalistas franceses, da Mesopotâmia... pelos capitalistas ingleses etc. Isso por um lado. E, por outro, um profundo movimento proletário e popular de massas (de toda a população pobre da cidade e do campo), com caráter revolucionário, pelo *pão*, pela *paz*, pela *verdadeira liberdade*.

Seria simplesmente estúpido falar de "apoio" do proletariado revolucionário da Rússia ao imperialismo democrata-constitucionalista-outubrista, "amansado" pelo dinheiro inglês, tão repugnante como o imperialismo tsarista. Os operários revolucionários demoliram em notável medida e continuarão a demolir até os alicerces a infame *monarquia* tsarista, sem se deixar entusiasmar nem perturbar se, em certos momentos históricos, de curta duração e em virtude de uma conjuntura excepcional, forem *ajudados* pela luta de Buchanan, Gutchkov, Miliúkov e cia. para *substituir* um monarca por *outro monarca* que seja também, de preferência, um Románov!

Foi assim e apenas assim que as coisas se passaram. Assim e apenas assim pode ver as coisas o político que não teme a verdade, que pesa serenamente a correlação das forças sociais numa revolução, que avalia cada "momento atual" não só por suas características presentes mas também pelas motivações mais fundamentais, pela mais profunda relação dos interesses do proletariado e da burguesia, tanto na Rússia como em todo o mundo.

Os operários de Petrogrado, tal como os operários de toda a Rússia, lutaram abnegadamente contra a monarquia tsarista, pela liberdade, pela terra para os camponeses, *pela paz*, contra o massacre imperialista. O capital imperialista anglo-francês, no interesse da continuação e intensificação desse massacre, urdiu intrigas palacianas, tramou conspirações com os oficiais da guarda, incitou e encorajou os Gutchkov e Miliúkov, montou *completamente um novo governo que tomou o poder* logo depois de a luta proletária ter desferido os primeiros golpes contra o tsarismo.

Esse novo governo, no qual os outubristas e os "renovadores pacíficos"*, Lvov e Gutchkov, ainda ontem cúmplices de Stolypin, *o Enforcador*, controlam postos *realmente importantes*, postos de combate, postos decisivos, o Exército e o funcionalismo; esse governo, no qual Miliúkov e outros democratas constitucionalistas** têm posição apenas decorativa, de fachada, para pronunciar discursos professorais e no

---

* *Outubristas*: membros da União de 17 de Outubro, um partido contrarrevolucionário formado após a promulgação do manifesto tsarista de 17 de outubro de 1905, que representava e sustentava os interesses da grande burguesia e dos latifundiários que exploravam suas propriedades de acordo com linhas capitalistas. Seus líderes eram A. I. Gutchkov, um grande membro da indústria e latifundiário, e M. V. Rodzianko, um rico latifundiário. Os outubristas ofereceram total apoio à política interna e externa do tsar e, na Primeira Guerra Mundial, uniram-se ao "Bloco Progressista", um simulacro de grupo de oposição que exigia governo responsável – em outras palavras, um governo que gozaria da confiança da burguesia e dos latifundiários. Os outubristas tornaram-se o partido governante depois da revolução democrático-burguesa de fevereiro, combatendo com todas as forças o poder soviético. Seu líder, Gutchkov, foi ministro da Guerra no primeiro governo provisório depois da grande Revolução Socialista de Outubro, e o partido se tornou uma das principais forças na batalha contra o poder soviético.
O partido da Renovação Pacífica foi uma organização monárquico-constitucional da grande burguesia e dos latifundiários. Formado em 1906, depois da dissolução da Primeira Duma de Estado, ele unia os outubristas de esquerda e a direita dos democratas, e seus líderes eram P. A. Heiden, N. N. Lvov, P. P. Riabuchínski, M. A. Stakhóvitch, E. N. e G. N. Trubetskói e D. N. Chípov. Assim como os outubristas, ele buscava assegurar e promover os interesses da burguesia industrial e comercial e dos latifundiários que geriam suas explorações de acordo com interesses capitalistas. Na Terceira Duma, o partido se uniu ao assim chamado Partido das Reformas Democráticas para formar o grupo progressista. (N. E.)

** *Democratas constitucionalistas*: membros do Partido Democrático Constitucionalista, partido mais importante da burguesia liberal monárquica da Rússia. O partido foi fundado em 1905 e era composto principalmente de capitalistas, líderes das assembleias provinciais, latifundiários e elementos da intelectualidade burguesa. Líderes proeminentes eram P. N. Miliúkov, S. A. Muromtsiev, V. A. Maklakov, A. I. Chingariov, P. B. Struve e F. I. Róditchiev. Os democratas se tornaram o partido da burguesia imperialista, que, na Primeira Guerra Mundial, apoiou ativamente as políticas predatórias do governo tsarista e, na Revolução de Fevereiro, tentou salvar a monarquia. Força dominante no governo provisório, eles utilizaram uma política contrarrevolucionária hostil à população, mas vantajosa para o imperialismo americano, britânico e francês. Inimigos implacáveis do poder soviético, os democratas constitucionalistas tiveram um papel ativo em todas as ações contrarrevolucionárias armadas e nas campanhas de intervenção estrangeira. A maioria dos líderes emigrou depois da derrota das forças contrarrevolucionárias e continuou seu trabalho antissoviete e contrarrevolucionário no estrangeiro. (N. E.)

qual o "trudovique"* Kérenski é a balalaica que eles tocam para enganar os operários e camponeses; esse governo não é um conjunto fortuito de pessoas.

São os representantes da nova classe que tomou o poder político na Rússia, a classe dos latifundiários capitalistas e da burguesia, que há muito *dirige* a economia de nosso país e que, tanto no período da Revolução de 1905-1907 como no da contrarrevolução de 1907-1914 e finalmente – e com particular rapidez – no da guerra de 1914-1917, se organizou politicamente de maneira extraordinariamente rápida, tomando em suas mãos tanto as administrações locais como a educação pública, congressos de todo gênero, a Duma, os comitês industriais de guerra etc. Essa nova classe estava já "quase totalmente" no poder em 1917; e, por isso, bastaram os primeiros golpes contra o tsarismo para que ele se desmoronasse, deixando o lugar para a burguesia. A guerra imperialista, exigindo um incrível emprego de forças, acelerou de tal forma o processo de desenvolvimento da atrasada Rússia que nós, de um só golpe (de fato, *aparentemente* de um só golpe), *alcançamos* a Itália, a Inglaterra, quase a França, obtivemos um governo "de coligação", "nacional" (isto é, adaptado para realizar o massacre imperialista e enganar o povo) e "parlamentar".

Ao lado desse governo – que, do ponto de vista da atual guerra, no fundo não é mais do que um simples agente das "firmas" multimilionárias "Inglaterra e França" –, surgiu um *governo operário*, o governo principal, não oficial, ainda pouco desenvolvido, relativamente fraco, que exprime os interesses do proletariado e de todo o setor pobre da população da cidade e do campo. É o *Soviete de Deputados Operários* de Petrogrado, que procura ligação com os soldados e camponeses, bem como com os operários agrícolas; como é natural, sobretudo com estes, mais do que com os camponeses.

Tal é a *verdadeira* situação política, que antes de tudo devemos esforçar-nos por definir com o máximo possível de precisão objetiva para basear a tática marxista sobre os únicos fundamentos sólidos em que ela deve basear-se, sobre os fundamentos dos *fatos*.

---

* *Trudoviques*: membros do grupo trudovique nas Dumas de Estado, formado em abril de 1906 pelos democratas pequeno-burgueses – camponeses e intelectuais da tendência *naródniki*. O grupo oscilou entre os democratas constitucionalistas e os sociais-democratas revolucionários, e, na Primeira Guerra Mundial, a maioria dos membros adotou uma política social-chauvinista.
Os trudoviques falavam pelos camponeses ricos, os *kulaks*, e, depois da Revolução de Fevereiro, apoiaram ativamente o governo provisório. Um de seus representantes, Zarudni, tornou-se ministro da Justiça depois dos eventos de julho e dirigiu a campanha da polícia contra os bolcheviques. Depois da Revolução de Outubro, os trudoviques se aliaram às forças contrarrevolucionárias. (N. E.)

A monarquia tsarista foi destruída, mas ainda não recebeu o golpe de misericórdia.

O governo burguês outubrista-democrata-constitucionalista, querendo levar a guerra imperialista "até o fim", é na realidade um agente da firma financeira "Inglaterra e França", *obrigado a prometer* ao povo o máximo de liberdades e de esmolas compatíveis com a manutenção do seu poder sobre o povo e com a possibilidade de continuar o massacre imperialista.

O Soviete de Deputados Operários é a organização dos operários, o embrião do governo operário, o representante dos interesses de todas as massas *pobres* da população, isto é, de nove décimos da população, que luta *pela paz*, *pelo pão*, *pela liberdade*.

A luta dessas três forças determina a situação que se apresenta agora e que constitui a *transição* da primeira etapa da revolução para a segunda.

A contradição entre a primeira e a segunda forças *não* é profunda, é temporária, suscitada *apenas* pela conjuntura do momento, por uma mudança brusca dos acontecimentos na guerra imperialista. *Todo* o novo governo é composto de monarquistas, pois o republicanismo *verbal* de Kérenski simplesmente não é sério, não é digno de um político, é *objetivamente* uma politiquice. O novo governo ainda não tinha dado o golpe de misericórdia na monarquia tsarista e já *começava a entrar em conluios* com a dinastia dos latifundiários Románov. A burguesia de tipo outubrista--democrata-constitucionalista *necessita* da monarquia como cabeça da burocracia e do Exército a fim de proteger os privilégios do capital contra os trabalhadores.

Quem diz que os operários devem *apoiar* o novo governo no interesse da luta contra a reação do tsarismo (e é isso o que dizem, aparentemente, os Potriéssov, os Gvózdiev, os Tchkhenkeli e também, apesar de toda a sua *posição evasiva, Tchkheídze*) é um traidor dos operários, um traidor da causa do proletariado, da causa da paz e da liberdade. Pois, de fato, *precisamente* este novo governo *já* está atado de pés e mãos pelo capital imperialista, pela política imperialista de *guerra* e de rapina, já iniciou os conluios (sem consultar o povo!) com a dinastia, *já trabalha na restauração da monarquia tsarista*, já convida o candidato a novo tsar, Mikhail Románov, já se preocupa com o reforço do seu trono, com a substituição da monarquia legítima (legal, que se mantém baseada na velha lei) por uma monarquia bonapartista, plebiscitária (que se mantém baseada no sufrágio popular falsificado).

Não, para uma verdadeira luta contra a monarquia tsarista, para uma verdadeira garantia da liberdade, não somente em palavras nem com promessas dos charlatães Miliúkov e Kérenski, *não* são os operários que devem apoiar o novo governo, mas este governo que deve "apoiar" os operários! Pois a única *garantia* de liberdade e da destruição do tsarismo até o fim é *armar o proletariado*, é consolidar, alargar, desenvolver o papel, a importância e a força do Soviete de Deputados Operários.

Todo o resto são frases e mentiras, autoengano dos politiqueiros do campo liberal e radical, maquinações fraudulentas.

Ajudai a armar os operários, ou pelo menos não os estorveis, e a liberdade na Rússia será invencível, será impossível restaurar a monarquia, estará garantida a república.

De outro modo, os Gutchkov e os Miliúkov restaurarão a monarquia e *nada* realizarão, absolutamente nada, das "liberdades" prometidas por eles. É com promessas que todos os políticos burgueses, em *todas* as revoluções burguesas, têm "alimentado" o povo e enganado os operários.

A nossa revolução é burguesa – *portanto* os operários devem apoiar a burguesia –, dizem os Potriéssov, os Gvózdiev, os Tchkheídze, como dizia ontem Plekhánov.

A nossa revolução é burguesa, dizemos nós, marxistas – *portanto* os operários devem abrir os olhos do povo quanto à fraude dos políticos burgueses, devem ensiná-lo a não acreditar em palavras, a contar unicamente com a *sua própria* unidade, com o *seu próprio* armamento.

O governo dos outubristas e dos democratas constitucionalistas, dos Gutchkov e Miliúkov, *não pode* – mesmo que o quisessem sinceramente (só crianças podem acreditar na sinceridade de Gutchkov e de Lvov) –, *não pode dar ao povo nem paz, nem pão, nem liberdade*.

Não pode dar a paz porque é um governo de guerra, um governo de continuação do massacre imperialista, um governo de *pilhagem* que deseja pilhar a Armênia, a Galícia, a Turquia, tomar Constantinopla, reconquistar a Polônia, a Curlândia, o território lituano etc. Este governo está de pés e mãos atados pelo capital imperialista anglo-francês. O capital russo é simplesmente uma sucursal da "firma" mundial que manipula *centenas de bilhões* de rublos e que tem por nome "Inglaterra e França".

Não pode dar o pão porque este governo é burguês. No *melhor* dos casos, dará ao povo, como deu a Alemanha, uma "fome genialmente organizada". Mas o povo não vai querer suportar a fome. O povo aprenderá, e sem dúvida rapidamente, que há pão e que ele pode ser obtido, mas somente lançando mão de medidas que *não se inclinem perante a santidade do capital e da propriedade da terra*.

Não pode dar a liberdade porque é um governo de latifundiários e capitalistas, que *teme* o povo e já começou os conluios com a dinastia dos Románov.

Num outro artigo, falaremos dos problemas táticos da nossa conduta imediata para com este governo. Aí mostraremos em que consiste a peculiaridade do momento atual, da *transição* da primeira etapa da revolução para a segunda, e a razão por que a palavra de ordem, a "tarefa do dia", neste momento, deve ser: *operários, vós realizastes prodígios de heroísmo proletário e popular na guerra civil contra o tsarismo, deveis agora realizar prodígios de organização proletária de todo o povo para preparar a vossa vitória na segunda etapa da revolução*.

Limitando-nos agora à análise da luta de classes e da correlação de forças de classe nesta etapa da revolução, devemos levantar ainda a seguinte questão: quais são os *aliados* do proletariado na *atual* revolução?

Temos *dois* aliados: em primeiro lugar, a grande massa da população dos semiproletários e parte dos pequenos camponeses da Rússia, que conta muitas dezenas de milhões de pessoas e constitui a imensa maioria da população. Essa massa *necessita* de paz, pão, liberdade e terra. É inevitável que, em certa medida, ela esteja sob a influência da burguesia, e sobretudo da pequena burguesia, da qual mais se aproxima pelas suas condições de vida, vacilando entre a burguesia e o proletariado. As cruéis lições da guerra, que se tornarão *tanto mais* cruéis quanto mais energicamente Gutchkov, Lvov, Miliúkov e cia. procurarem a guerra, impelirão *inevitavelmente* essa massa para o proletariado, obrigando-a a segui-lo. Agora, aproveitando a relativa liberdade do novo regime e os sovietes de deputados operários, devemos esforçar-nos, antes e acima de tudo, por *esclarecer e organizar* essa massa. Sovietes de deputados camponeses, sovietes de operários agrícolas – eis uma das nossas tarefas mais urgentes. Ao fazer isso, os nossos objetivos não consistirão somente em que os operários agrícolas criem os seus sovietes próprios, mas também em que os camponeses deserdados e mais pobres se organizem *separadamente* dos camponeses abastados. As tarefas específicas e as formas de organização agora vitalmente necessárias serão tratadas na próxima carta.

Em segundo lugar, o aliado do proletariado russo é o proletariado de todos os países beligerantes e de todos os países em geral. Ele, atualmente, se encontra em grande medida abatido pela guerra, é demasiada a frequência com que falam em nome dele os sociais-chauvinistas que, tal como Plekhánov, Gvózdiev, Potriéssov na Rússia, se passaram para o lado da burguesia. Mas a libertação do proletariado da sua influência progrediu a cada mês da guerra imperialista, e a Revolução Russa acelerará enorme e *inevitavelmente* esse processo.

Com estes dois aliados, o proletariado pode avançar e avançará, *utilizando as particularidades* do atual momento de transição para a conquista inicialmente da república democrática e da vitória completa dos camponeses sobre os latifundiários, em lugar da semimonarquia de Gutchkov e Miliúkov, e depois para o *socialismo*, o único que dará aos povos exaustos pela guerra *a paz, o pão e a liberdade.*

N. Lênin

Carta 2
O novo governo e o proletariado

O principal documento de que disponho hoje [8 (21) de março] é um exemplar do conservadoríssimo e burguesíssimo jornal inglês *The Times* de 16 de março, com resumo de informações sobre a revolução na Rússia. É claro que não é fácil encontrar fonte mais favoravelmente – para não dizer mais – disposta em relação ao governo de Gutchkov e Miliúkov.

O correspondente desse jornal informa de Petersburgo na quarta-feira, 1º (14) de março – quando ainda existia apenas o *primeiro* governo provisório, isto é, o Comitê Executivo da Duma*, composto de treze pessoas, com Rodzianko à cabeça e com dois "socialistas" (segundo a expressão do jornal), Kérenski e Tchkheídze, entre os seus membros –, o seguinte: "Um grupo de 22 membros eleitos do Conselho de Estado, Gutchkov, Stakhóvitch, Trubetskói, o professor Vassiliev, Grimm, Vernádski e outros dirigiram ontem um telegrama ao tsar" rogando-lhe, para

---

* O primeiro governo provisório, ou Comitê Provisório da Duma de Estado, foi formado em 27 de fevereiro (12 de março) de 1917. Nesse dia, o Conselho dos Decanos da Duma enviou um telegrama ao tsar chamando a atenção para a situação crítica na capital e solicitando medidas imediatas "para salvar a pátria e a dinastia". O tsar respondeu enviando ao presidente da Duma, M. V. Rodzianko, um decreto dissolvendo a Duma. A essa altura, a população insurgente havia cercado o edifício da Duma, o Palácio da Táurida, onde os seus membros estavam reunidos numa conferência secreta, e bloquearam todas as ruas de acesso a ele. Soldados e operários armados ocuparam o prédio. Nessa situação, a Duma apressou-se em eleger o comitê provisório para "manter a ordem em Petrogrado e estabelecer contato com diferentes instituições e pessoas".
O comitê provisório tinha entre seus membros V. V. Chulguin e V. N. Lvov, ambos de extrema direita, os outubristas S. I. Chidlóvski, I. I. Dmitriukov, M. V. Rodzianko (presidente), os progressistas V. A. Rjiévski e A. I. Konoválov, os democratas constitucionalistas P. N. Miliúkov e N. V. Nekrásov, o trudovique A. F. Kérenski e o menchevique N. S. Tchkheídze. (N. E.)

salvar a "dinastia" etc. etc., que convocasse a Duma e designasse um chefe do governo que gozasse da "confiança da nação". Escreve o correspondente:

> Qual será a decisão do imperador, que deve chegar hoje, é coisa que ainda não se sabe neste momento, mas uma coisa é perfeitamente indubitável. Se Sua Majestade não satisfizer imediatamente os desejos dos elementos mais moderados entre os seus leais súditos, a influência presentemente exercida pelo Comitê Provisório da Duma Imperial passará inteiramente para as mãos dos socialistas, que querem a instauração de uma república, mas que não são capazes de instituir nenhum governo regular e precipitariam inevitavelmente o país na anarquia interna e na catástrofe externa...

Que sabedoria de Estado e que clareza, não é verdade? Como o correligionário inglês (se não dirigente) dos Gutchkov e dos Miliúkov compreende bem a correlação de forças e interesses de classe! Os "elementos mais moderados dos leais súditos", isto é, os latifundiários e capitalistas monárquicos, desejam receber o poder nas suas mãos, tendo perfeita consciência de que de outro modo a "influência" passará para as mãos dos "socialistas". E por que precisamente dos "socialistas", e não de outros quaisquer? Porque o gutchkovista inglês vê perfeitamente que, na cena política, *não há e não pode* haver nenhuma outra força social. A revolução foi realizada pelo proletariado, que deu provas de heroísmo, derramou sangue, arrastou atrás de si as mais amplas massas da população trabalhadora e pobre, exige o pão, a paz e a liberdade, exige a república, simpatiza com o socialismo. Mas o punhado de latifundiários e capitalistas, encabeçado pelos Gutchkov e pelos Miliúkov, quer lograr a vontade ou a aspiração da imensa maioria, concluir *um acordo com a monarquia em queda*, apoiá-la, salvá-la: designar Lvov e Gutchkov, Vossa Majestade, e nós estaremos com a monarquia contra o povo. Eis todo o sentido, toda a essência da política do novo governo!

Mas como justificar o fato de enganar o povo, lográ-lo, violar a vontade da gigantesca maioria da população?

Para isso é preciso caluniá-lo – velho, mas eternamente novo, método da burguesia. E o gutchkovista inglês calunia, insulta, cospe e espuma: "a anarquia interna, a catástrofe externa", "nenhum governo regular"!!

Não é verdade, respeitável gutchkovista! Os operários querem a república, e a república é um governo muito mais "regular" do que a monarquia. Que é que garante ao povo que o segundo Románov não arranjará um segundo Raspútin? A catástrofe será trazida precisamente pela continuação da guerra, isto é, precisamente pelo novo governo. A república proletária, apoiada pelos operários agrícolas e pela parte mais pobre dos camponeses e dos citadinos, é a única que pode assegurar a paz, dar o pão, a ordem, a liberdade.

Os gritos contra a anarquia apenas encobrem os interesses egoístas dos capitalistas, que querem restabelecer a monarquia *contra* o povo.

E continua o correspondente:

> Ontem, o Partido Social-Democrata publicou um apelo do mais sedicioso conteúdo, e este apelo foi difundido por toda a cidade. Eles [isto é, o Partido Social-Democrata] são simples doutrinários, mas o seu poder para o mal é imenso em tempos como os presentes. O sr. Kérenski e o sr. Tchkheídze, que compreendem que sem o apoio dos oficiais e dos elementos mais moderados do povo não podem evitar a anarquia, são obrigados a haver-se com os seus camaradas menos prudentes e são insensivelmente empurrados a tomar uma atitude que complica a tarefa do Comitê Provisório...

Oh, grande diplomata gutchkovista inglês! Quão imprudentemente deixou escapar a verdade!

O "Partido Social-Democrata" e os "camaradas menos prudentes" são evidentemente o Comitê Central ou o Comitê de Petersburgo do nosso partido, reconstituído pela conferência de janeiro de 1912*, os mesmos bolcheviques a quem os burgueses chamam sempre de "doutrinários" por fidelidade à "doutrina", isto é, aos fundamentos, aos princípios, aos ensinamentos, aos objetivos do *socialismo*. É claro que o gutchkovista inglês chama de sediciosos e doutrinários o apelo** e o comportamento do nosso partido por apelar à luta pela república, pela paz, pela completa destruição da monarquia tsarista, por pão para o povo.

Pão para o povo e paz são sedição, mas lugares ministeriais para Gutchkov e Miliúkov são "ordem". Velhos e conhecidos discursos!

---

* A composição do *bureau* do CC na Rússia em 9 (22) de março de 1917 foi a seguinte: A. I. Elizaróva, K. S. Ereméiev, V. N. Zaliéjski, P. A. Zalutski, M. I. Kalínin, V. M. Mólotov, M. S. Olmínski, A. M. Smirnov, E. D. Stássova, M. I. Ulianova, M. I. Khakharev, K. M. Chviédtchikov, A. C. Shliápnikov e K. I. Chutkó. Em 12 (25) de março, G. I. Bokii e M. K. Muranov foram incorporados, além de J. D. Stálin, com voz, mas sem direito a voto.
O Comitê de Petersburgo do POSDR foi formado numa reunião em 2 (15) de março de 1917 e era composto de todos os que haviam servido nos comitês ilegais e novos membros cooptados. A composição era a seguinte: B. V. Avílov, N. K. Antípov, B. A. Jemtchujin, V. N. Zaliéjski, M. I. Kalínin, N. P. Komarov, L. M. Mikháilov, V. M. Mólotov, K. Orlov, N. I. Podvoiski, P. I. Stutchka, V. V. Schmidt, K. I. Chutkó e A. G. Chliápnikov, representando o *bureau* do Comitê Central. (N. E.)

** Refere-se ao *Manifesto do Partido Operário Social-Democrata da Rússia a Todos os Cidadãos da Rússia*, emitido pelo Comitê Central e publicado como um suplemento do *Izviéstia* em 28 de fevereiro (13 de março) de 1917 (n. 1). Lênin soube do manifesto por uma versão resumida na edição matutina do *Frankfurter Zeitung*, em 9 (22) de março de 1917. No dia seguinte ele entrou em contato com o *Pravda* em Petrogrado através de Oslo: "Acabei de ler trechos do Manifesto do Comitê Central. Lembranças. Vida longa à milícia proletária, arauto da paz e do socialismo!". (N. E.)

Mas qual é a tática de Kérenski e Tchkheídze, segundo a definição do gutchkovista inglês?

Uma tática vacilante: por um lado, o gutchkovista louva-os porque eles "compreendem" (bons rapazes! muito espertos!) que, sem o "apoio" dos oficiais e dos elementos mais moderados, não se pode evitar a anarquia (pelo contrário, nós pensamos até agora e continuamos a pensar, de acordo com a nossa doutrina, com os nossos ensinamentos do socialismo, que são precisamente os capitalistas que introduzem a anarquia e as guerras na sociedade humana, que só a passagem de *todo* o poder político para o proletariado e o povo mais pobre pode livrar-nos das guerras, da anarquia, da fome!); por outro lado, eles "são obrigados a haver-se com os seus camaradas menos prudentes", isto é, com os bolcheviques, com o Partido Operário Social-Democrata da Rússia, reconstituído e unido pelo Comitê Central.

Mas qual é a força que "obriga" Kérenski e Tchkheídze a "acordar-se" com o partido bolchevique, ao qual eles *nunca* pertenceram, que eles próprios ou seus representantes literários (os "socialistas revolucionários", os "socialistas populares", os "mencheviques-okistas" etc.) sempre insultaram, condenaram, declararam um insignificante círculo clandestino, uma seita de doutrinários etc.? Mas onde e quando é que já se viu, em tempo de revolução, em tempo de ação predominantemente das *massas*, políticos que não estejam loucos para "se acordar" com os "doutrinários"?

O nosso pobre gutchkovista inglês embrulhou-se, não diz coisa com coisa, não soube nem mentir completamente nem dizer completamente a verdade, e apenas se traiu.

O que obrigou Kérenski e Tchekheidze a entrar em acordo com o Partido Social-Democrata do Comitê Central foi a influência deste sobre o proletariado, sobre as massas. O nosso partido revelou estar com as massas, com o proletariado revolucionário, *apesar* da prisão e da deportação para a Sibéria, já em 1914, dos nossos deputados, apesar das terríveis perseguições e das prisões que sofreu o Comitê de Petersburgo pelo seu trabalho ilegal, durante a guerra, *contra* a guerra e contra o tsarismo.

"Os fatos são teimosos", diz um provérbio inglês. Permita-me que lho recorde, respeitabilíssimo gutchkovista inglês! O fato de que o nosso partido dirigiu ou pelo menos prestou uma ajuda abnegada aos operários de Petersburgo nos grandes dias da revolução *teve* de ser reconhecido pelo "*próprio*" gutchkovista inglês. Ele teve igualmente de reconhecer as vacilações de Kérenski e Tchkheídze *entre* a burguesia e o proletariado. Os gvózdievistas, os "defensistas", isto é, os sociais--chauvinistas, isto é, os defensores da guerra imperialista de rapina, agora seguem inteiramente a burguesia. Kérenski, entrando no ministério, ou seja, o segundo governo provisório também desertou completamente para a burguesia; Tchkheídze não; ele continua a *oscilar* entre o governo provisório da burguesia, os Gutchkov e os Miliúkov, e o "governo provisório" do proletariado e das massas mais pobres do povo, o Soviete de Deputados Operários e o Partido Operário Social-Democrata da Rússia, unidos pelo Comitê Central.

A revolução confirmou, por conseguinte, aquilo em que nós insistíamos particularmente ao exortar os operários a esclarecerem com nitidez a diferença de classe entre os principais partidos e as principais correntes no movimento operário e na pequena burguesia – aquilo que nós escrevíamos, por exemplo, no *Sotsial-Demokrat** de Genebra, n. 47, há quase um ano e meio, em 13 de outubro de 1915:

> Continuamos a considerar admissível a participação dos sociais-democratas no governo provisório revolucionário juntamente com a pequena burguesia democrática, mas *não* a dos revolucionários chauvinistas. Consideramos revolucionários chauvinistas aqueles que querem a vitória sobre o tsarismo para obter a vitória sobre a Alemanha – para saquear outros países, para consolidar a dominação dos grão-russos sobre os outros povos da Rússia etc. A base do chauvinismo revolucionário é a situação de classe da pequena burguesia. Esta vacila sempre entre a burguesia e o proletariado. Presentemente ela vacila entre o chauvinismo (que a impede de ser consequentemente revolucionária mesmo no sentido da revolução democrática) e o internacionalismo proletário. Neste momento, os porta-vozes políticos desta pequena burguesia na Rússia são os trudoviques, os socialistas revolucionários, a *Nacha Zariá* (atualmente *Diélo*), a fração de Tchkheídze, o CO, o sr. Plekhánov e outros semelhantes. Se os revolucionários chauvinistas vencessem na Rússia, seríamos contra a defesa da "pátria" *deles* nesta guerra. A nossa palavra de ordem é esta: contra os chauvinistas ainda que sejam revolucionários e republicanos, *contra* eles e *pela* união do proletariado internacional para a revolução socialista.

Mas voltemos ao gutchkovista inglês:

> O Comitê Provisório da Duma de Estado, apreciando os perigos que tem pela frente, absteve-se intencionalmente de realizar o seu plano original de prender os ministros,

---

* *Sotsial-Demokrat* [O Social-Democrata]: jornal ilegal, órgão central do POSDR, publicado em 1908--1917 (Vilnius, Paris, Genebra).
A redação do *Sotsial-Demokrat* era composta, de acordo com uma decisão do CC do POSDR eleito no V Congresso (de Londres), de representantes dos bolcheviques, dos mencheviques e dos sociais-democratas polacos.
O verdadeiro dirigente do jornal era Lênin, cujos artigos ocupavam um lugar central. O *Sotsial-Demokrat* teve uma enorme importância na luta dos bolcheviques contra os oportunistas, pela manutenção do partido marxista, que era ilegal, pela consolidação da sua unidade e pelo reforço da sua ligação com as massas. (N. E.)

embora ontem se pudesse ter feito isso sem a menor dificuldade. Assim, a porta ficou aberta para negociações, graças ao que nós ["nós" = capital financeiro e imperialismo inglês] podemos obter todos os benefícios do novo regime sem passar pela terrível provação da Comuna e da anarquia da guerra civil...

Os gutchkovistas eram *a favor* de uma guerra civil em *seu* benefício, são *contra* a guerra civil em benefício do povo, isto é, da real maioria dos trabalhadores.

> As relações entre o Comitê Provisório da Duma, que representa toda a nação [e diz-se isto do comitê da IV Duma, latifundiária e capitalista!], e o Soviete de Deputados Operários, que representa interesses puramente de classe [linguagem de diplomata, que ouviu sábias palavras e quer esconder que o Soviete de Deputados Operários representa o proletariado e os pobres, isto é, nove décimos da população], mas que, em tempos de crise como os atuais, tem um poder imenso, causaram não poucos receios entre as pessoas razoáveis que encaram a possibilidade de um conflito entre um e outro, cujos resultados poderiam ser demasiado terríveis.
>
> Felizmente, este perigo foi eliminado, pelo menos no presente [note-se este "pelo menos"!], graças à influência do sr. Kérenski, um jovem advogado com grandes capacidades oratórias, que compreende claramente [diferentemente de Tchkheídze, que também "compreendeu", mas, na opinião do gutchkovista, evidentemente com menos clareza?] a necessidade de trabalhar em conjunto com o Comitê no interesse dos seus eleitores da classe operária [isto é, para conseguir os votos dos trabalhadores, para flertar com eles]. Um acordo satisfatório* foi concluído hoje [quarta-feira, 1º (14) de março] graças ao qual serão evitadas todas as fricções desnecessárias.

Que acordo foi esse, se foi concluído por *todo* o Soviete de Deputados Operários, quais são as suas condições, não sabemos. Desta vez o gutchkovista inglês silenciou completamente sobre o *principal*. E isso não surpreende. Não é vantajoso para a burguesia que essas condições sejam claras, precisas, conhecidas de todos – pois então ser-lhe-á mais difícil violá-las!

As linhas precedentes já estavam escritas quando li duas informações muito importantes. Em primeiro lugar, no conservadoríssimo e burguesíssimo jornal parisiense *Le Temps*** de 20 de março, o texto do apelo do Soviete de Deputados Operários sobre

---

* Referência ao acordo concluído na noite seguinte a 1º (14) de março de 1917 entre o Comitê Provisório da Duma e os líderes socialistas revolucionários e mencheviques do Comitê Executivo do Soviete de Petrogrado. O último voluntariamente cedeu à burguesia e autorizou o Comitê Provisório da Duma a formar um governo provisório de sua livre escolha. (N. E.)

** *Le Temps:* jornal diário publicado em Paris de 1861 a 1942. Refletia os interesses do círculo dirigente da França e era de fato o órgão oficial do Ministério dos Negócios Estrangeiros. (N. E.)

o "apoio" ao novo governo*; em segundo, extratos do discurso de Skóbeliev na Duma de Estado em 1º (14) de março, reproduzidos num jornal de Zurique (*Neue Zurcher Zeitung*, 1º Mit.-bl., 21 de março) a partir de um jornal de Berlim (*National-Zeitung*)**.

O apelo do Soviete de Deputados Operários, se o seu texto não tiver sido deturpado pelos imperialistas franceses, é um documento notável, que mostra que o proletariado de Petersburgo, pelo menos no momento da publicação desse apelo, se encontrava sob influência predominante dos políticos pequeno-burgueses. Recordo que incluo entre os políticos desse gênero, como já assinalei acima, pessoas do tipo de Kérenski e Tchkheídze.

No apelo encontramos duas ideias políticas e duas palavras de ordem que lhes correspondem:

Em primeiro lugar. O apelo diz que o governo (o novo) é composto de "elementos moderados". A definição é estranha, de modo nenhum completa, de caráter puramente liberal, não marxista. Também eu estou pronto a concordar que, num certo sentido – na carta seguinte mostrarei precisamente qual –, qualquer governo tem agora, depois de completada a primeira etapa da revolução, de ser "moderado". Mas é absolutamente inadmissível esconder a si próprio e ao povo que este governo quer continuar a guerra imperialista, que ele é um agente do capital inglês, que ele quer restaurar a monarquia e reforçar a dominação dos latifundiários e dos capitalistas.

O apelo afirma que todos os democratas devem "apoiar" o novo governo e que o Soviete de Deputados Operários pede e autoriza Kérenski a participar do governo provisório. As condições são a realização das reformas prometidas já durante a guerra, a garantia da "liberdade" do desenvolvimento "cultural" (só??) das nacionalidades (um programa puramente democrata constitucionalista, de uma pobreza liberal) e a for-

---

* O Manifesto do Comitê Executivo do Soviete de Deputados Operários e Soldados foi publicado no *Izviéstia* em 3 (16) de março de 1917 (n. 4), simultaneamente ao anúncio da formação do governo provisório sob o príncipe Lvov. Atraído por membros socialistas revolucionários e mencheviques do Comitê Executivo, declarou que as forças democráticas dariam apoio ao novo governo "a ponto de realizar seus trabalhos e travar uma luta determinada contra o antigo regime".
O manifesto não mencionou o fato de o soviete ter autorizado Kérenski a se unir ao novo governo, visto que em 1º (14) de março o Comitê Executivo havia decidido "não enviar representantes democráticos ao governo". *Le Temps* noticiou esse fato rapidamente por intermédio de seu correspondente. Em 2 (15) de março, o soviete, "desafiando o protesto da minoria", aprovou a entrada de Kérenski no governo como ministro da Justiça. (N. E.)

** *Neue Zürcher Zeitung*: fundado em Zurique em 1780 e até 1821 publicado sob o nome de *Zürcher Zeitung*, atualmente o jornal mais influente da Suíça.
National-Zeitung: publicado em Berlim de 1848 até 1938; de 1914 em diante, apareceu sob o nome *Acht-Uhr Abendblatt*. (N. E.)

mação de um comitê especial para vigiar as atividades do governo provisório, comitê composto por membros do Soviete de Deputados Operários e por "militares"*.

Sobre esse comitê de vigilância, que se relaciona com as ideias e palavras de ordem da segunda categoria, falar-se-á em particular mais adiante.

Mas a nomeação de um Louis Blanc russo, Kérenski, e o apelo a apoiar o novo governo são, pode-se dizer, um exemplo clássico de traição à causa da revolução e à causa do proletariado, de uma traição do tipo daquelas que puseram a perder uma série de revoluções do século XIX, independentemente de quão sinceros e dedicados ao socialismo fossem os dirigentes e partidários de semelhante política.

O proletariado não pode e não deve apoiar o governo da guerra, o governo da restauração. Para lutar contra a reação, para resistir às tentativas possíveis e prováveis dos Románov e dos seus amigos de restaurar a monarquia e reunir um exército contrarrevolucionário, o que é necessário não é de modo nenhum apoiar Gutchkov e cia., mas *organizar*, alargar e reforçar uma milícia *proletária*, armar o povo sob a direção dos operários. Sem essa medida principal, fundamental, essencial, não se pode falar nem em resistir seriamente à restauração da monarquia e às tentativas de retirar ou de restringir as liberdades prometidas, nem em tomar firmemente a via que conduz à obtenção do pão, da *paz*, da liberdade.

Se Tchkheídze, que foi, juntamente com Kérenski, membro do primeiro governo provisório (o Comitê da Duma composto de treze pessoas), realmente não entrou no segundo governo provisório pelas considerações de princípios do caráter acima mencionado ou de caráter semelhante, isso o honra. É preciso dizê-lo francamente. Infelizmente, essa interpretação contradiz outros fatos e, antes de tudo, o discurso de Skóbeliev, que andou sempre de braço dado com Tchkheídze.

Skóbeliev disse, a acreditar na fonte acima mencionada, que "o grupo social [? evidentemente, o social-democrata]** e os operários têm apenas um ligeiro contato

---

* A imprensa estrangeira relatou a indicação pelo Soviete de Petrogrado de um corpo especial para manter um controle sobre o governo. Com base nesse relatório, Lênin primeiro deu as boas-vindas à organização desse corpo de controle, destacando, entretanto, que apenas a experiência mostraria se ele corresponderia às expectativas. Na verdade, o chamado Comitê de Contato, apontado pelo Executivo em 8 (21) de março para "influenciar" e "controlar" o trabalho do governo provisório, apenas o ajudou a explorar o prestígio do soviete como disfarce para sua política contrarrevolucionária. O Comitê de Contato consistia de M. I. Skóbeliev, Y. M. Steklov, N. N. Sukhánov, V. N. Filíppovski, N. S. Tchkheídze e, posteriormente, V. M. Tchernov e I. G. Tseretiéli. Ajudou a afastar as massas da luta revolucionária ativa para a transferência de poder para os sovietes. O comitê foi dissolvido em abril de 1917, quando suas funções foram assumidas pelo *bureau* do Comitê Executivo do Soviete de Petrogrado. (N. E.)

** Colchetes de Lênin. (N. E.)

com os objetivos do governo provisório", que os operários exigem a paz e que, se a guerra continuar, haverá inevitavelmente uma catástrofe na primavera, que "os operários concluíram com a sociedade [a sociedade liberal] um acordo temporário [*eine vorlaufige Waffenfreundschaft*], embora seus objetivos políticos estejam tão afastados dos objetivos da sociedade como o céu está da terra", que "os liberais devem abandonar os seus objetivos insensatos [*unsinnige*] da guerra" etc.

Esse discurso é um exemplo daquilo a que chamamos atrás, na citação do *Sotsial-demokrat*, "vacilação" entre a burguesia e o proletariado. Os liberais, continuando a ser liberais, *não podem* "renunciar" aos objetivos "insensatos" da guerra, os quais são determinados, diga-se de passagem, não só por eles, mas pelo capital financeiro anglo-francês, uma força mundial cujo poderio se mede em centenas de bilhões. O que é preciso não é "persuadir" os liberais, mas *explicar* aos operários por que os liberais estão num beco sem saída, por que *eles* estão de pés e mãos atados, por que *escondem* tanto os tratados do tsarismo com a Inglaterra e outros países como os acordos do capital russo com o capital anglo-francês, e assim por diante.

Se Skóbeliev diz que os operários concluíram um acordo qualquer com a sociedade liberal, e não protesta contra esse acordo, não explica da tribuna da Duma o seu dano para os operários, ele, desse modo, *aprova* o acordo. E isso não deveria fazer de modo algum.

A aprovação, direta ou indireta, claramente expressa ou tácita, por Skóbeliev, ao acordo do Soviete de Deputados Operários com o governo provisório é uma oscilação para o lado da burguesia. Sua declaração de que os operários exigem a paz, de que os seus objetivos estão tão longe dos objetivos dos liberais como o céu da terra, é uma oscilação de Skóbeliev para o lado do proletariado.

Puramente proletária, verdadeiramente revolucionária de desígnio e profundamente correta é a segunda ideia política do apelo do Soviete de Deputados Operários que estamos estudando, a saber, a ideia da criação do "comitê de vigilância" (não sei se é precisamente assim que ele se chama em russo; traduzo livremente do francês), isto é, da vigilância dos proletários e dos soldados sobre o governo provisório.

Isso, sim, é algo real! Isso, sim, é digno dos operários que derramaram o sangue pela liberdade, pela paz, pelo pão para o povo! Isso, sim, é um *passo real* para conseguir as *garantias reais* tanto contra o tsarismo como contra a monarquia e contra os monarquistas Gutchkov-Lvov e cia.! Isso, sim, é uma demonstração de que o proletariado russo, apesar de tudo, avançou em comparação com o proletariado francês em 1848, quando este deu "plenos poderes" a Louis Blanc! Isso, sim, é uma demonstração de que o instinto e a inteligência da massa proletária não se contentam com declamações, com exclamações, com promessas de reformas e de liberdades, com o título de "ministro por mandato dos operários" ou outro ouropel análogo, mas procuram apoio *apenas* onde ele pode ser encontrado, nas massas populares *armadas*, organizadas e dirigidas pelo proletariado, os trabalhadores com consciência de classe.

É um passo no caminho certo, mas *apenas* o primeiro passo.

Se esse "comitê de vigilância" permanecer uma instituição de tipo puramente parlamentar, apenas político, isto é, uma comissão que "fará perguntas" ao governo provisório e receberá respostas deste, então isso continuará a ser um brinquedo, não será nada.

Mas, se isso conduzir à criação, imediata e a qualquer custo, de uma *milícia operária* – que se estenda a todo o povo, a todos os homens e mulheres, que não se limite a substituir a polícia eliminada e dissolvida, não apenas torne *impossível* a sua restauração por *qualquer* governo, nem monarquista-constitucional nem democrático-republicano, *tanto* em Petersburgo *como* em qualquer outra parte da Rússia –, então os operários avançados da Rússia tomarão realmente a via de novas e grandes vitórias, a via que conduz à vitória sobre a guerra, à realização na prática da palavra de ordem que, como dizem os jornais, resplandecia na bandeira das tropas de cavalaria que desfilaram em Petersburgo na praça diante da Duma de Estado:

"Vivam as repúblicas socialistas de todos os países!"

Vou expor na próxima carta as minhas ideias sobre essa milícia operária.

Tentarei mostrar, por um lado, que é precisamente a criação de uma milícia de todo o povo, dirigida pelos operários, que é a palavra de ordem correta do dia, que corresponde às tarefas táticas do peculiar momento de transição que a Revolução Russa (e a revolução mundial) está a atravessar, e, por outro lado, que, para o êxito dessa milícia operária, ela deve, primeiramente, abarcar todo o povo, ser uma organização de massas até o ponto de ser *universal*, abarcar realmente *toda* a população de ambos os sexos apta para o trabalho; em seguida, ela deve passar à combinação de funções não apenas policiais, mas funções gerais do Estado, como a militar e o controle da produção e distribuição social dos produtos.

N. Lênin

Zurique, 22 (9) de março de 1917

P. S.: Esqueci-me de datar a minha carta anterior de 20 (7) de março.

Carta 3
Sobre a milícia proletária

A conclusão que tirei ontem quanto à tática vacilante de Tchkheídze foi hoje, 10 (23) de março, plenamente confirmada por dois documentos. O primeiro é um comunicado por telégrafo de Estocolmo ao *Frankfurter Zeitung**, contendo excertos do manifesto do CC do nosso partido, o Partido Operário Social-Democrata da Rússia, em Petersburgo. Nesse documento não há uma palavra sequer sobre o apoio ao governo de Gutchkov nem sobre a sua derrubada; os operários e soldados são exortados a organizar-se em torno do Soviete de Deputados Operários, a elegerem representantes nele para lutar contra o tsarismo, pela república, pela jornada de trabalho de oito horas, pelo confisco das terras dos latifundiários e das reservas de trigo e, principalmente, pelo fim da guerra de pilhagem. É particularmente importante e atual a ideia perfeitamente correta do nosso CC de que, para obter a paz, são necessárias relações com *os proletários de todos os países beligerantes*.

Esperar a paz de negociações e relações entre os governos burgueses significaria enganar-se a si próprio e enganar o povo.

O segundo documento é uma notícia, comunicada também por telégrafo de Estocolmo a outro jornal alemão (*Jornal de Voss*)**, sobre uma reunião do grupo de Tchkheídze na Duma com o grupo do trabalho (*Arbeiterfraction*) e com os representantes de quinze sindicatos operários em 2 (15) de março e sobre um apelo publicado no dia seguinte. Dos onze pontos desse apelo o telégrafo só expõe três: o primeiro, a reivindicação da república, o sétimo, a reivindicação da paz e do início imediato de negociações sobre a paz, e o terceiro, que reivindica "uma participação suficiente de representantes da classe operária russa no governo".

Se esse ponto foi exposto corretamente, compreendo por que a burguesia louva Tchkheídze. Compreendo por que, ao louvor dos gutchkovistas ingleses em *The Times*, que citei anteriormente, se juntou o louvor dos gutchkovistas franceses no *Le Temps*. Esse jornal dos milionários e imperialistas franceses escreve em 22 de março: "Os chefes dos partidos operários, particularmente o sr. Tchkheídze, empregam toda a sua influência para moderar os desejos das classes trabalhadoras".

---

* *Frankfurter Zeitung* [Jornal de Frankfurt]: publicado em Frankfurt de 1856 a 1943. Reiniciou a publicação em 1949 com o nome de *Frankfurter Allgemeine Zeitung* [Jornal Geral de Frankfurt]. (N. E.)
** *Vossische Zeitung* [Jornal de Voss]: jornal liberal moderado publicado em Berlim de 1704 a 1934. (N. E.)

De fato, reivindicar a "participação" dos operários no governo de Gutchkov-Miliúkov é teórica e politicamente um absurdo: participar em minoria significaria ser um simples peão; participar "paritariamente" é impossível, pois não se pode conciliar a exigência de continuar a guerra com a exigência de concluir uma trégua e iniciar negociações de paz; para "participar" em maioria é preciso ter a força para *derrubar* o governo de Gutchkov-Miliúkov. Na prática, a reivindicação de "participação" é o pior dos louis-blanquismos, isto é, o esquecimento da luta de classes e das suas condições reais, o entusiasmo pelas frases sonoras e ocas, a propagação de ilusões entre os operários, perdendo em negociações com Miliúkov ou com Kérenski um tempo *precioso* que é preciso utilizar para criar uma força de classe e revolucionária *real*, uma milícia proletária capaz de *inspirar confiança a todas* as camadas mais pobres da população, que constituem a sua imensa maioria, de *ajudá-las a organizar-se*, de ajudá-las a lutar pelo pão, pela paz, pela liberdade.

Esse erro do apelo de Tchkheídze e do seu grupo (não digo do *partido* do Comitê de Organização, porque nas fontes a que tenho acesso não há nenhuma palavra sobre o CO) – esse erro é tanto mais estranho considerando que, na reunião de 2 (15) de março, o correligionário mais próximo de Tchkheídze, Skóbeliev, segundo informam os jornais, disse o seguinte: "A Rússia está às vésperas de uma segunda, de uma verdadeira (*wirklich*, literalmente: real) revolução".

Essa é uma verdade da qual Skóbeliev e Tchkheídze se esqueceram de tirar conclusões práticas. Não posso julgar daqui, desta maldita distância, quão próxima está a segunda revolução. Estando no local, Skóbeliev pode ver melhor. Por isso não me coloco questões para cuja resolução não tenho nem posso ter dados concretos. Sublinho apenas a confirmação por Skóbeliev, uma "testemunha de fora", isto é, que não pertence ao nosso partido, da conclusão *factual* a que cheguei na primeira carta, isto é: a Revolução de Fevereiro-Março foi apenas a *primeira etapa* da revolução. A Rússia atravessa um momento histórico peculiar de *transição* para a etapa seguinte da revolução ou, segundo a expressão de Skóbeliev, para a "segunda revolução".

Se queremos ser marxistas e aprender com a experiência das revoluções de todo o mundo, devemos esforçar-nos por compreender em que consiste precisamente a *peculiaridade* deste momento *de transição* e qual é a tática que decorre das suas particularidades objetivas.

A peculiaridade da situação consiste em que o governo de Gutchkov-Miliúkov alcançou a primeira vitória com uma facilidade incomum graças a estas três importantíssimas circunstâncias: 1) a ajuda do capital financeiro anglo-francês e dos seus agentes; 2) a ajuda de uma parte das camadas superiores do Exército; 3) a organização já pronta de toda a burguesia russa nos *zemstvos*, nas instituições urbanas, na Duma de Estado, nos comitês industriais de guerra etc.

O governo de Gutchkov encontra-se metido num torno: amarrado pelos interesses do capital, ele é obrigado a buscar a continuação da guerra de pilhagem e rapina, a garantia dos monstruosos lucros do capital e dos latifundiários, a restauração da monarquia. Amarrado pela sua origem revolucionária e pela necessidade de uma passagem abrupta do tsarismo à democracia, sob a pressão das massas famintas e que exigem a paz, o governo é obrigado a mentir, a manobrar, a ganhar tempo, a "proclamar" e prometer o máximo possível (as promessas são a única coisa que é muito barata, mesmo numa época de furiosa carestia) e a cumprir o mínimo possível, a fazer concessões com uma mão e a retirá-las com a outra.

Em certas circunstâncias, o novo governo pode, no máximo, adiar um pouco a sua queda apoiando-se em todas as capacidades organizativas da burguesia e da intelectualidade burguesa russas. Mas, mesmo nesse caso, ele *não será capaz* de evitar a queda, porque *não é possível* escapar às garras do monstro horrível da guerra imperialista e da fome, gerado pelo capitalismo mundial, sem abandonar o terreno das relações burguesas, sem passar a medidas revolucionárias, sem apelar ao imenso heroísmo histórico do proletariado russo e mundial.

Daí a conclusão: não podemos derrubar o novo governo de um só golpe ou, se pudermos fazê-lo (em tempos revolucionários os limites do possível alargam-se mil vezes), não poderemos conservar o poder *sem contrapor* à magnífica organização de toda a burguesia russa e de toda a intelectualidade burguesa uma *organização do proletariado* igualmente magnífica, que dirija toda a imensa massa dos pobres da cidade e do campo, do semiproletariado e dos pequenos proprietários.

Independentemente do fato de a "segunda revolução" já ter eclodido em Petersburgo (eu já disse que seria perfeitamente absurda a ideia de avaliar do estrangeiro o ritmo concreto do seu amadurecimento), se foi adiada por algum tempo ou se já começou em alguns lugares isolados da Rússia (parecem existir algumas indicações disso), em *qualquer* caso a palavra de ordem do momento, tanto nas vésperas da nova revolução, como durante e posteriormente a ela, deve ser a *organização proletária*.

Camaradas operários! Realizastes prodígios de heroísmo proletário ontem, ao derrubar a monarquia tsarista. Tereis inevitavelmente, num futuro mais ou menos próximo (talvez mesmo agora, quando escrevo estas linhas), de realizar novamente prodígios do mesmo heroísmo para derrubar o poder dos latifundiários e dos capitalistas, que travam a guerra imperialista. Não podereis *obter uma vitória sólida* nesta próxima revolução, a "verdadeira", se não realizardes *prodígios de organização proletária*!

A palavra de ordem do momento é a organização. Mas limitar-se a isso seria ainda não dizer nada, visto que, por um lado, a organização é *sempre* necessária, a simples indicação da necessidade de "organizar as massas" ainda não explica absolutamente nada e, por outro lado, quem se limitasse a isso seria um acólito dos liberais, porque os *liberais* querem *precisamente*, para reforçar a sua dominação, que os operários *não vão além* das organizações *habituais*, "legais" (do ponto de vista da sociedade burguesa "normal"), isto é, que os operários apenas se inscrevam no seu partido, no seu sindicato, na sua cooperativa etc. etc.

Com o seu instinto de classe, os operários compreenderam que, em tempo de revolução, precisam de uma organização completamente diferente, *não apenas* da organização habitual. Eles tomaram corretamente o caminho apontado pela experiência da nossa Revolução de 1905 e da Comuna de Paris de 1871, criaram o *Soviete de Deputados Operários*, começaram a desenvolvê-lo, alargá-lo e reforçá-lo, atraindo deputados dos *soldados* e, sem dúvida, deputados dos operários *assalariados* agrícolas e depois (numa ou noutra forma) de todos os camponeses pobres.

A criação de semelhantes organizações em todas as localidades da Rússia, sem exceção, para todas as profissões e camadas da população proletária e semiproletária, isto é, todos os trabalhadores e explorados, para empregar uma expressão economicamente menos precisa mas mais popular – tal tarefa é de primeiríssima e inadiável importância. Antecipando-me, assinalarei que, para toda a massa camponesa, o nosso partido (espero falar numa das cartas seguintes sobre o seu papel *particular* nas organizações proletárias de novo tipo) deve recomendar particularmente que se formem, *separados dos* camponeses abastados, sovietes dos operários assalariados e dos pequenos agricultores que não vendem trigo: sem essa condição não se pode nem aplicar uma política verdadeiramente proletária em geral[1] nem abordar corretamente uma importantíssima questão prática, de vida ou de morte para milhões de pessoas: a correta distribuição do *trigo*, o aumento da sua produção etc.

---

[1] Nos distritos rurais desenvolver-se-á agora uma luta pelo pequeno campesinato e, em parte, pelo médio campesinato. Os latifundiários, apoiando-se nos camponeses abastados, tentarão levá-los a subordinar-se à burguesia. Devemos, apoiando-nos nos operários assalariados agrícolas e nos pobres, conduzi-los à mais estreita aliança com o proletariado das cidades.

Mas, pergunta-se, que devem fazer os sovietes de deputados operários? "Devem ser encarados como órgãos da insurreição, como órgãos do poder revolucionário", escrevemos no n. 47 do *Sotsial-demokrat*, de Genebra, 13 de outubro de 1915.

Esta proposição teórica, deduzida da experiência da Comuna de 1871 e da Revolução Russa de 1905, deve ser esclarecida e desenvolvida mais concretamente tendo como base a experiência prática da etapa atual da revolução na Rússia.

Necessitamos de um poder *revolucionário*, necessitamos (para um certo período de transição) de um *Estado*. É nisto que nos distinguimos dos anarquistas. A diferença entre os marxistas revolucionários e os anarquistas não consiste apenas no fato de que os primeiros são pela grande produção comunista centralizada e os segundos pela pequena produção dispersa. Não, a diferença, quanto à questão do poder, do Estado, consiste em que nós somos *pela* utilização revolucionária das formas revolucionárias de Estado para lutar pelo socialismo e os anarquistas são *contra*.

Necessitamos de um Estado. Mas *não da espécie* de Estado que a burguesia criou por toda parte, das monarquias constitucionais às repúblicas mais democráticas. E é nisso que consiste a nossa diferença em relação aos oportunistas e kautskistas dos velhos partidos socialistas, que começaram a apodrecer, que deturparam ou esqueceram as lições da Comuna de Paris e a análise dessas lições por Marx e Engels[2].

Necessitamos de um Estado, mas *não* do mesmo de que a burguesia necessita, com organismos do poder separados do povo e opostos ao povo sob a forma da polícia, do Exército, da burocracia (funcionários). Todas as revoluções burguesas apenas aperfeiçoam *essa* máquina de Estado, apenas *a* transferiram das mãos de um partido para as mãos de outro partido.

Mas o proletariado, se quiser defender as conquistas da revolução atual e avançar, conquistar a paz, o pão e a liberdade, precisa "*demolir*", para usar as palavras de Marx, essa máquina de Estado "já pronta" e substituí-la por uma nova, *fundindo* a polícia, o Exército e a burocracia com *todo o povo armado*. Seguindo a via apontada pela experiência da Comuna de Paris de 1871 e da Revolução Russa de 1905, o proletariado deve organizar e armar *todos* os setores mais pobres e explorados da população, para que *eles próprios* tomem diretamente nas suas mãos os órgãos do poder de Estado, *constituam eles próprios* as instituições desse poder.

---

[2] Numa das cartas seguintes ou num artigo à parte deter-me-ei pormenorizadamente nesta análise, feita, em particular, em *A guerra civil na França*, de Marx, no prefácio de Engels à terceira edição dessa obra, nas cartas de Marx, de 12 abr. 1871, assim como na forma como Kautsky distorceu por completo o marxismo na sua polêmica de 1912 contra Pannekoek sobre a questão da chamada "destruição do Estado".

E os operários da Rússia *tomaram* já este caminho na primeira etapa da primeira revolução, em fevereiro-março de 1917. Toda a tarefa consiste agora em compreender claramente qual é esse novo caminho, em avançar por ele com audácia, firmeza e tenacidade.

Os capitalistas anglo-franceses e russos queriam "apenas" afastar ou "assustar" Nicolau II, deixando intacta a velha máquina de Estado, a polícia, o Exército, o funcionalismo.

Os operários avançaram e destruíram-na. E agora não só os capitalistas anglo-franceses mas também os alemães *uivam* de raiva e horror ao ver, por exemplo, os soldados russos fuzilarem os seus oficiais, como aconteceu com o almirante Nepiénin, partidário de Gutchkov e Miliúkov.

Eu disse que os operários destruíram a velha máquina de Estado. Serei mais preciso: *começaram* a destruí-la.

Tomemos um exemplo concreto.

A polícia foi em parte exterminada e em parte varrida, em Petersburgo e em muitos outros lugares. O governo de Gutchkov e Miliúkov *não poderá* nem restaurar a monarquia nem, em geral, manter-se no poder *sem reconstituir* a polícia como organização especial de homens armados sob o comando da burguesia separada, do povo e a ele oposta. Isso é claro como a luz do dia.

Por outro lado, o novo governo tem de levar em conta o povo revolucionário, de alimentá-lo com semiconcessões e promessas, de ganhar tempo. Por isso recorre a uma meia medida: institui uma "milícia popular" com chefes eleitos (isso soa terrivelmente decente! Terrivelmente democrático, revolucionário e bonito!) – *mas...* mas, em primeiro lugar, coloca-a sob o controle, sob as ordens dos órgãos rurais e urbanos de administração local, isto é, sob as ordens dos latifundiários e capitalistas eleitos de acordo com leis de Nicolau, *O Sanguinário*, e de Stolypin, *O Enforcador*!! Em segundo lugar, *na verdade*, ao mesmo tempo que chama "popular" à milícia para deitar poeira aos olhos do "povo", ele não chama *todo* o povo a participar nessa milícia *e não obriga* os patrões e capitalistas *a pagar* aos empregados e operários o salário habitual *pelas horas e dias* que dedicam ao *serviço social*, isto é, à milícia.

Aí é que está o truque. Eis de que modo o governo latifundiário e capitalista dos Gutchkov e Miliúkov tenta fazer com que a "milícia popular" fique no papel e, de fato, seja reconstituída pouco a pouco, sem se fazer notar, uma milícia *burguesa*, antipopular, inicialmente constituída por "oitocentos estudantes e professores universitários" (é assim que os jornais estrangeiros descrevem a atual milícia de

Petersburgo) – é claramente um brinquedo! – e depois gradualmente pela velha e nova *polícia*.

Não deixar reconstituir a polícia! Não deixar que o governo local escape de nossas mãos! Criar uma milícia realmente de todo o povo, universal, dirigida pelo proletariado! – tal é a tarefa do dia, tal é a palavra de ordem do momento, que corresponde de igual modo tanto aos interesses corretamente entendidos da luta de classes ulterior, do movimento revolucionário ulterior, como ao instinto democrático de qualquer operário, de qualquer camponês, de qualquer trabalhador e explorado, que não pode deixar de odiar a polícia, os guardas, os policiais rurais, o comando dos latifundiários e capitalistas sobre homens armados com poder sobre o povo.

De que polícia precisam *eles*, os Gutchkov e os Miliúkov, os latifundiários e capitalistas? A mesma que havia na monarquia tsarista. *Todas* as repúblicas burguesas e democrático-burguesas do mundo organizaram ou reconstituíram, depois de brevíssimos períodos revolucionários, *precisamente tal* polícia, uma organização especial de homens armados separados do povo e opostos a ele, subordinados de uma ou outra forma à burguesia.

De que milícia precisamos nós, o proletariado, todos os trabalhadores? De uma milícia *popular*, isto é, que, primeiro, seja constituída por *toda* a população, por todos os cidadãos adultos de *ambos os sexos* e, segundo, de uma milícia que combine em si a função de exército popular com as funções de polícia, com as funções de órgão principal e fundamental da ordem e da administração públicas.

Para tornar essas proposições mais compreensíveis, tomarei um exemplo puramente esquemático. Nem é preciso dizer que seria absurda a ideia de elaborar qualquer "plano" para uma milícia proletária: quando os operários e todo o povo se lançarem ao trabalho de modo prático, em uma escala verdadeiramente de massas, vão elaborá-lo e organizá-lo cem vezes melhor do que quaisquer teóricos. Não proponho um "plano", quero apenas ilustrar a minha ideia.

Em Petersburgo há cerca de 2 milhões de habitantes. Destes, mais da metade tem de 15 a 65 anos. Tomemos metade – 1 milhão. Subtraiamos um quarto de doentes etc., que não participam no momento atual do serviço social por causas justificadas. Restam 750 mil pessoas que, trabalhando na milícia, suponhamos, um dia em cada quinze (e continuando a receber salário dos empregadores durante este tempo), constituem um exército de 50 mil pessoas.

É *esse o tipo* de "Estado" de que precisamos!

É essa a milícia que seria de fato, e não apenas em palavras, uma "milícia popular".

É esse o caminho que devemos seguir para que *não seja possível* reconstituir nem uma polícia especial nem um exército especial, separados do povo.

Tal milícia seria constituída em 95% por operários e camponeses, exprimiria *realmente* a inteligência e a vontade, a força e o poder da imensa maioria do povo. Tal milícia armaria e ensinaria realmente a arte militar a todo o povo, salvaguardando-o, *não* à maneira de Gutchkov, *não* à maneira de Miliúkov, contra quaisquer tentativas de restauração da reação, contra quaisquer maquinações dos agentes tsaristas. Tal milícia seria o órgão executivo dos sovietes de deputados operários e soldados, gozaria do respeito e da confiança *absolutos* da população, porque ela seria uma organização de toda a população. Tal milícia transformaria a democracia, de bela etiqueta que encobre a escravização e o tormento do povo pelos capitalistas, em verdadeira *educação das massas* para a participação em *todos* os assuntos estatais. Tal milícia incluiria os jovens na vida política, ensinando-os, não só pelas palavras mas pelos atos, pelo *trabalho*. Tal milícia desenvolveria as funções que, falando em linguagem científica, dizem respeito à "polícia do bem-estar", à vigilância sanitária etc., recrutando para esse trabalho todas as mulheres adultas. E, sem incluir as mulheres no serviço social, nas milícias, na vida política, sem arrancar as mulheres do ambiente embrutecedor da casa e da cozinha, *não é possível* constituir sequer a democracia, para não falar do socialismo.

Tal milícia seria uma milícia proletária porque os operários industriais e urbanos obteriam nela uma influência dirigente sobre a massa dos pobres tão natural e inevitavelmente como ocuparam o lugar dirigente em toda a luta revolucionária do povo tanto em 1905-1907 como em 1917.

Tal milícia asseguraria uma ordem absoluta e uma disciplina baseada na camaradagem e observada sem reservas. E, ao mesmo tempo, ela, na dura crise vivida por todos os países beligerantes, possibilitaria lutar de modo verdadeiramente democrático contra essa crise, realizar correta e rapidamente a distribuição do trigo e dos outros víveres, aplicar o "trabalho obrigatório geral", a que os franceses chamam agora "mobilização cívica" e os alemães "serviço cívico obrigatório", e sem o qual *não é possível – verificou-se que não é possível –* curar as feridas que a guerra predatória e terrível causou e continua a causar.

Será que o proletariado da Rússia derramou o sangue apenas para receber nada além de belas promessas de reformas políticas democráticas? Será que ele não vai exigir e conseguir que *cada* trabalhador veja e sinta *imediatamente* uma certa melhoria da sua vida? Que cada família tenha pão? Que cada criança tenha uma garrafa de bom leite e que nenhum adulto de uma família rica ouse consumir leite extra se as crianças não estiverem alimentadas? Que os palácios e os bairros ricos, abandonados pelo tsar e pela aristocracia, não fiquem desocupados, mas deem abrigo às pessoas sem casa e sem posses? Quem pode realizar essas medidas senão uma milícia de todo o povo, em que as mulheres participem necessariamente em igualdade com os homens?

Tais medidas *não são ainda* o socialismo. Elas dizem respeito ao contingenciamento do consumo e não à reorganização da produção. Elas não seriam ainda a "ditadura do proletariado", mas apenas a "ditadura democrática revolucionária do proletariado e do campesinato pobre". Do que agora se trata não é de classificá-las teoricamente. Seria o maior dos erros tentar meter as tarefas práticas complexas, urgentes e em rápido desenvolvimento da revolução no leito de Procusto de uma "teoria" estreitamente entendida em vez de ver na teoria, antes de mais nada e acima de tudo, um *guia para a ação*.

Haverá na massa dos operários russos suficiente consciência, firmeza e heroísmo para realizar "prodígios de organização proletária", iniciativa, espírito de sacrifício? Não sabemos, e seria ocioso tentarmos adivinhar, pois *só* a prática dá as respostas a essas perguntas.

Aquilo que sabemos com certeza e aquilo que nós, como partido, devemos explicar às massas é, por um lado, que existe um motor histórico de enorme força que gera uma crise sem precedentes, a fome, calamidades incontáveis. Esse motor é a guerra, que é travada pelos capitalistas de *ambos* os campos adversários para a pilhagem. Esse "motor" levou uma série das nações mais ricas, mais livres e mais instruídas à beira do precipício. Ele *obriga* os povos a pôr em tensão até os limites todas as suas forças, coloca-os numa situação insuportável, coloca na ordem do dia não a realização de quaisquer "teorias" (nem sequer se pode falar disso, e Marx sempre preveniu os socialistas contra isso), mas a aplicação das medidas mais extremas praticamente possíveis, porque *sem* medidas extremas é a morte, a morte pela fome, imediata e certa, que espera milhões de pessoas.

Nem é preciso demonstrar que o entusiasmo revolucionário da classe avançada pode *muito* quando a situação objetiva *exige* medidas extremas a todo o povo. *Esse* aspecto da questão é claramente observado e *sentido* por todos na Rússia.

É importante compreender que, em tempo de revolução, a situação objetiva muda tão rápida e bruscamente como corre rapidamente a vida em geral. E devemos *saber adaptar* nossa tática e nossas tarefas imediatas às *particularidades* de cada situação. Antes de fevereiro de 1917, o que estava na ordem do dia era a propaganda revolucionária internacionalista corajosa, o apelo às massas para a luta, o seu despertar. Nas jornadas de fevereiro-março exigia-se o heroísmo da luta abnegada para esmagar quanto antes o inimigo imediato – o tsarismo. Agora estamos a viver a *transição* dessa primeira etapa da revolução para a segunda, do "embate" com o tsarismo para o "embate" com o imperialismo gutchkoviano-miliúkoviano, latifundiário e capitalista. Na ordem do dia, a tarefa é *organização*, de modo nenhum no sentido estereotipado do trabalho de formar organizações estereotipadas, e sim no sentido de atrair massas das classes oprimidas em uma amplitude sem precedentes para uma organização que poderia assumir as tarefas militares, políticas e econômicas do Estado.

O proletariado abordou e abordará essa tarefa original por diferentes vias. Numas localidades da Rússia, a Revolução de Fevereiro-Março põe-lhe nas mãos um poder quase completo; noutras, poderá começar, talvez, a criar e desenvolver "arbitrariamente" a milícia proletária; em outras ainda, provavelmente procurará conseguir eleições imediatas na base do sufrágio universal etc. para as Dumas urbanas e *zemstvos*, para criar a partir deles centros revolucionários etc., visto que o crescimento da organização proletária, a aproximação entre soldados e operários, o movimento no seio do campesinato, a desilusão de muitos e muitos em relação à validade do governo Gutchkov e Miliúkov torna cada vez mais próxima a hora de sua substituição pelo "governo" do Soviete de Deputados Operários.

Não esqueçamos também que, bem perto de Petersburgo, temos um dos países mais avançados, de fato republicanos, a Finlândia, que, de 1905 a 1917, protegida pelas batalhas revolucionárias na Rússia, desenvolveu a democracia de forma relativamente pacífica e conquistou a *maioria* do povo para o lado do socialismo. O proletário da Rússia assegurará à república finlandesa a completa liberdade, incluindo a liberdade de separação (é duvidoso que haja um social-democrata que vacile a esse respeito, num momento em que o democrata constitucionalista Róditchiev tão indignamente tenta arrancar em Helsinque pedacinhos de privilégios para os grão-russos)* – e precisamente com isso conquistará a *completa* confiança e ajuda

---

* Pouco depois de sua formação, o governo provisório nomeou o outubrista M. A. Stakhóvitch general--governador da Finlândia e o democrata constitucionalista F. I. Róditchiev ministro (ou comissário) para Assuntos da Finlândia. No dia 8 (21) de março, o governo provisório lançou seu manifesto "Sobre a Aprovação e Cumprimento da Constituição do Grão-duque da Finlândia". Sob ele, a Finlândia recebia autonomia com a restrição de que leis promulgadas pela Dieta finlandesa estariam sujeitas a confirmação pelo governo russo. O governo provisório queria que a Dieta incluísse na Constituição um

fraterna dos operários finlandeses à causa proletária de toda a Rússia. Numa obra difícil e grande, são inevitáveis os erros, e também nós não lhes escaparemos; os operários finlandeses são mais bem organizados, eles irão nos ajudar nesse ponto e farão avançar, à *sua maneira*, a instalação da república socialista.

Vitórias revolucionárias na própria Rússia – êxitos organizativos pacíficos na Finlândia protegidos por essas vitórias – passagem dos operários russos às tarefas organizativas revolucionárias em uma nova escala – conquista do poder pelo proletariado e pelas camadas mais pobres da população – estímulo e desenvolvimento da revolução socialista no Ocidente – tal é a via que nos conduzirá à *paz* e ao *socialismo*.

N. Lênin
Zurique, 11 (24) de março de 1917

Carta 4
Como alcançar a paz?

Acabo [12 (25) de março] de ler no *Neue Zürcher Zeitung* (n. 517 de 24 de março) a seguinte comunicação transmitida de Berlim pelo telégrafo:

> Comunicam da Suécia que Maksim Górki enviou tanto ao governo como ao Comitê Executivo uma saudação escrita em termos entusiastas. Ele saúda a vitória do povo sobre os setores da reação e exorta todos os filhos da Rússia a ajudarem na construção do novo edifício estatal russo. Ao mesmo tempo exorta o governo a coroar a sua obra libertadora com a conclusão da paz. Não deve ser, diz ele, uma paz a todo custo; a Rússia tem agora menos razões do que nunca para aspirar a uma paz a todo custo. Deve ser uma paz que dê à Rússia a possibilidade de existir com honra ao lado dos outros povos da Terra. A humanidade já derramou sangue suficiente; seria um grande mérito do novo governo, não só perante a Rússia, mas perante toda a humanidade, se ele conseguisse concluir rapidamente a paz.

É assim que transcrevem a carta de M. Górki.

Experimenta-se um sentimento amargo ao ler essa carta, inteiramente impregnada dos preconceitos filisteus correntes. O autor destas linhas teve ocasião, em

---

ponto que oferecesse "igualdade aos cidadãos russos e finlandeses no comércio e na indústria", uma vez que, sob o governo tsarista, essa igualdade não era reconhecida pelas leis finlandesas. Ao mesmo tempo, o governo provisório se recusou a discutir a autodeterminação da Finlândia, "esperando a convocação da assembleia constituinte". Isso levou a um conflito duro, só resolvido depois da grande Revolução Socialista de Outubro, quando, em 18 (31) de dezembro de 1917, o governo soviético concedeu à Finlândia total independência. (N. E.)

encontros com Górki na ilha de Capri, de o advertir e de lhe censurar os erros políticos. Górki aparava essas censuras com o seu sorriso incomparavelmente encantador e a ingênua declaração: "Sei que sou um mau marxista. E, depois, todos nós, artistas, somos um pouco irresponsáveis". Não é fácil discutir contra isso.

Não há dúvidas de que Górki é um enorme talento artístico, que foi e será muito útil ao movimento proletário mundial.

Mas por que é que Górki há de se meter em política?

Em minha opinião, a carta de Górki exprime preconceitos extraordinariamente difundidos não só na pequena burguesia mas também em parte dos operários que se encontram sob sua influência. *Todas* as forças do nosso partido, todos os esforços dos operários conscientes devem ser orientados para uma luta tenaz, persistente e em todos os aspectos contra esses preconceitos.

O governo tsarista começou e travou a presente guerra *imperialista*, de pilhagem e rapina, para roubar e estrangular povos fracos. O governo dos Gutchkov e dos Miliúkov é um governo latifundiário e capitalista, obrigado a prosseguir *esse mesmo tipo* de guerra. Dirigir-se a esse governo propondo-lhe que conclua uma paz democrática é o mesmo que se dirigir a donos de bordéis com pregações de virtude.

Expliquemos o nosso pensamento.

Que é o imperialismo?

Em meu livro *O imperialismo: fase superior do capitalismo*, que foi entregue à editora Párus ainda antes da revolução, que foi aceito por ela e anunciado na revista *Liétopis**, respondi assim a essa pergunta:

---

* *O imperialismo: fase superior do capitalismo* foi escrito na primeira metade de 1916 e enviado a Paris em 19 de junho (2 de julho). Deveria ter sido publicado pela editora parisiense que, por iniciativa de Maksim Górki, estava lançando uma série de pesquisas populares de países da Europa ocidental envolvidos na guerra. Lênin manteve contato com a editora por intermédio do editor da série, M. N. Pokróvski. Em 29 de setembro de 1916, Górki escreveu a Pokróvski em Paris que o livro de Lênin era "realmente excelente" e seria adicionado à série regular. Entretanto, os editores da Párus fizeram sérias objeções à crítica de Lênin sobre a posição renegada de Kautsky e alteraram substancialmente o texto, omitindo todas as críticas à teoria de ultraimperialismo de Kautsky e distorcendo diversas formulações de Lênin. O livro foi finalmente publicado na metade de 1917 com um prefácio de Lênin, com data de 26 de abril. *Párus* [Vela] e *Liétopis* [Anais]: nomes da editora e da revista fundadas por Górki em Petrogrado. *Liétopis:* revista de literatura, ciência e política entre cujos colaboradores estavam antigos bolcheviques (os empiriocriticistas V. A. Bazárov e A. A. Bogdánov) e mencheviques. Górki era o editor de literatura, e entre outros escritores proeminentes contribuindo com a *Liétopis* estavam Aleksandr Maiakóvski, Viacheslav Chichkov e A. Tchapligin. A *Liétopis* existiu de dezembro de 1915 a dezembro de 1917. A editora Párus esteve ativa de 1915 a 1918. (N. E.)

O imperialismo é o capitalismo na fase de desenvolvimento em que ganhou corpo a dominação dos monopólios e do capital financeiro, adquiriu marcada importância a exportação de capitais, começou a partilha do mundo pelos trustes internacionais e terminou a partilha de toda a Terra entre os países capitalistas mais importantes. (Capítulo VII do livro citado, anunciado na *Liétopis*, quando ainda havia censura, como V. Ilín, *O capitalismo moderno*.)

A questão reduz-se ao fato de que o capital cresceu até atingir enormes dimensões. As associações de um pequeno número dos maiores capitalistas (cartéis, consórcios, trustes) manipulam *bilhões* e dividem todo o mundo entre si. *Toda* a Terra é dividida. A guerra foi provocada pelo choque dos dois mais poderosos grupos de milionários, o anglo-francês e o alemão, por uma nova *partilha* do mundo.

O grupo anglo-francês de capitalistas quer, em primeiro lugar, roubar a Alemanha, tomando-lhe as colônias (quase todas já foram tomadas), e depois a Turquia.

O grupo alemão de capitalistas quer tomar a Turquia *para si* e compensar-se pela perda das colônias com a conquista de pequenos Estados vizinhos (Bélgica, Sérvia, Romênia).

É essa a verdade autêntica, encoberta com toda espécie de mentiras burguesas acerca da guerra "libertadora", "nacional", da "guerra pelo direito e a justiça" e outras cantigas semelhantes com que os capitalistas sempre enganam o povo simples.

Não é com o seu dinheiro que a Rússia trava a guerra. O capital russo é *participante* do capital anglo-francês. A Rússia trava a guerra para pilhar a Armênia, a Turquia, a Galícia.

Gutchkov, Lvov, Miliúkov, os nossos atuais ministros, não o são por acaso. São representantes e chefes de toda a classe dos latifundiários e dos capitalistas. Estão *amarrados* pelos interesses do capital. Os capitalistas não podem renunciar aos seus interesses, tal como um homem não pode erguer-se puxando pelo seu próprio cabelo.

Em segundo lugar, Gutchkov-Miliúkov e cia. estão *amarrados*, pelo capital anglo-francês. É com dinheiro alheio que eles travam ou travavam a guerra. Prometeram, pelos bilhões emprestados, pagar *anualmente* um juro de *centenas de milhões* e extorquir esse *tributo* aos operários e aos camponeses russos.

Em terceiro lugar, Gutchkov-Miliúkov e companhia estão *amarrados*, por *tratados* diretos com a Inglaterra, a França, a Itália, o Japão e outros grupos de bandidos capitalistas, aos objetivos predatórios desta guerra. Esses tratados foram concluídos ainda pelo *tsar Nicolau II*. Gutchkov-Miliúkov e cia. aproveitaram a luta dos operários contra a monarquia tsarista para conquistar o poder, *mas confirmaram os tratados* concluídos pelo tsar.

Isso foi feito por todo o governo de Gutchkov-Miliúkov no seu manifesto, que a agência telegráfica de São Petersburgo comunicou por telégrafo para o estrangeiro em 7 (20) de março; "o governo" [de Gutchkov e Miliúkov] "cumprirá fielmente todos os tratados que nos ligam a outras potências" – afirma-se nesse manifesto. O novo ministro dos Negócios Estrangeiros, Miliúkov, declarou *o mesmo* no seu telegrama de 5 (18) de março de 1917 a todos os representantes da Rússia no estrangeiro.

Esses tratados são todos *secretos*, e Miliúkov e cia. *não querem* publicá-los por duas razões: 1) têm medo do povo, que não quer a guerra de pilhagem; 2) estão amarrados pelo capital anglo-francês, que exige o segredo dos tratados. Mas quem quer que leia os jornais e estude o assunto sabe que nesses tratados se fala da pilhagem da China pelo Japão, da Pérsia, da Armênia, da Turquia (particularmente Constantinopla) e da Galícia pela Rússia, da Albânia pela Itália, da Turquia e das colônias alemãs pela França e pela Inglaterra etc.

Tal é a situação.

Por isso, dirigir-se ao governo de Gutchkov-Miliúkov propondo-lhe que conclua o mais depressa possível uma paz honesta, democrática e num espírito de boa vizinhança é o mesmo que um bom padre de aldeia dirigir-se aos latifundiários e aos comerciantes propondo-lhes que "vivam de acordo com as leis de Deus", que amem o seu próximo e que ofereçam a face direita quando lhes batem na esquerda. Os latifundiários e os comerciantes ouvem a pregação, continuam a oprimir e a roubar o povo e extasiam-se pelo fato de o padre saber tão bem consolar e acalmar os "mujiques".

É exatamente o mesmo papel – independentemente do fato de terem ou não consciência disso – que desempenham todos aqueles que durante a presente guerra imperialista dirigem piedosos discursos sobre a paz aos governos burgueses. Por vezes os governos burgueses recusam-se em absoluto a escutar tais discursos e até os proíbem, outras vezes permitem que sejam pronunciados, espalhando à direita e à esquerda juras de que só fazem a guerra para concluir o mais depressa possível a paz "mais justa" e de que o culpado é só o seu inimigo. Falar de paz aos governos *burgueses* significa, de fato, *enganar o povo*.

Os grupos de capitalistas que inundaram a Terra de sangue por causa da partilha das terras, dos mercados, das concessões, *não podem* concluir uma paz "honrosa". Podem concluir apenas uma paz *vergonhosa*, uma paz *sobre a partilha do saque roubado*, *sobre a partilha da Turquia e das colônias*.

Mas o governo de Gutchkov-Miliúkov, além disso, não está, de modo geral, de acordo com a paz neste momento porque *agora* obteria do "saque" "apenas" a Armênia e uma parte da Galícia, e ele quer pilhar *também* Constantinopla e *ainda* reconquistar aos alemães a Polônia, que o tsarismo sempre oprimiu desumana e desavergonhadamente.

Ademais, o governo de Gutchkov e Miliúkov é, em essência, apenas um agente do capital anglo-francês, que quer conservar as colônias roubadas à Alemanha e, *além disso*, obrigar a Alemanha a devolver a Bélgica e uma parte da França. O capital anglo-francês ajudou os Gutchkov e os Miliúkov a afastar Nicolau II para que eles o ajudassem a "vencer" a Alemanha.

Que fazer então?

Para alcançar a paz (e, mais ainda, para alcançar uma paz realmente democrática, realmente honrosa), é preciso que o poder de Estado não pertença aos latifundiários e aos capitalistas, mas *aos operários e aos camponeses mais pobres*. Os capitalistas são uma parte ínfima da população e, como todos sabem, estão obtendo lucros fantásticos com a guerra.

Os operários e os camponeses mais pobres são a *imensa* maioria da população. Eles não lucram com a guerra; ao contrário, se arruínam e passam fome. Não estão amarrados nem pelo capital nem pelos tratados entre os grupos de bandidos capitalistas; eles *podem* e querem sinceramente pôr fim à guerra.

Se o poder de Estado na Rússia pertencesse aos sovietes de deputados operários, soldados e camponeses, esses sovietes e o *Soviete de Toda a Rússia* poderiam e certamente concordariam em aplicar o programa de paz que o nosso partido (o Partido Operário Social-Democrata da Rússia) delineou já em 13 de outubro de 1915 no n. 47 do órgão central desse partido, o *Sotsial-demokrat* (que se publicava então, devido à opressão da censura tsarista, em Genebra).

Esse programa de paz seria provavelmente este:

1. O Soviete de Deputados Operários, Soldados e Camponeses de Toda a Rússia (ou o Soviete de Petersburgo, que o substitui provisoriamente) declararia imediatamente *não* estar obrigado por *nenhum* tratado, *nem* da monarquia tsarista *nem* dos governos burgueses.

2. Publicaria imediatamente *todos* esses tratados, para cobrir publicamente de vergonha os objetivos de rapina da monarquia tsarista e de *todos* os governos burgueses sem exceção.

3. Proporia imediata e abertamente a *todas* as potências beligerantes a conclusão imediata de um *armistício*.

4. Publicaria imediatamente, para informação de todo o povo, as nossas *condições de paz*, as dos operários e dos camponeses: libertação de *todas* as colônias; libertação de *todos* os povos dependentes, oprimidos e privados de plenos direitos.

5. Declararia não esperar nada de bom dos governos burgueses e proporia aos operários de todos os países que os derrubassem e entregassem todo o poder de Estado aos sovietes de deputados operários.

6. Declararia que as dívidas de bilhões contraídas pelos governos burgueses para travar esta criminosa guerra de rapina podem ser pagas pelos *próprios senhores capitalistas* e que os operários e camponeses *não reconhecem* essas dívidas. Pagar juros sobre esses empréstimos significa pagar durante longos anos um *tributo* aos capitalistas por eles terem amavelmente permitido aos operários que se matassem uns aos outros para que os capitalistas pudessem dividir os espólios.

Operários e camponeses!, diria o Soviete de Deputados Operários, estais de acordo em pagar *centenas de milhões* de rublos *por ano* aos senhores capitalistas como recompensa por uma guerra que foi travada pela partilha das colônias africanas, da Turquia etc.?

Por essas condições de paz, o Soviete de Deputados Operários, em minha opinião, estaria de acordo em *travar uma guerra* contra *qualquer* governo burguês e contra *todos* os governos burgueses do mundo, porque seria uma guerra realmente justa, porque *todos* os operários e trabalhadores de *todos* os países *contribuiriam para o seu* êxito.

O operário alemão vê agora que a monarquia belicosa da Rússia é substituída por uma república *belicosa*, a república dos capitalistas que querem continuar a guerra imperialista e que confirmou os tratados de rapina da monarquia tsarista.

Julgai por vós próprios: pode o operário alemão acreditar *em tal* república?

Julgai por vós próprios: manter-se-á a guerra, manter-se-á a dominação dos capitalistas na Terra, se o povo russo, que foi e é ajudado pelas recordações vivas da grande revolução do "ano cinco", conquistar a plena liberdade e entregar todo o poder de Estado nas mãos dos sovietes de deputados operários e camponeses?

N. Lênin

Zurique, 12 (25) de março de 1917

Carta 5
As tarefas da organização proletária revolucionária do Estado

Nas cartas precedentes, as tarefas do proletariado revolucionário da Rússia no momento atual foram delineadas do seguinte modo: (1) saber chegar pela via mais segura à etapa seguinte da revolução ou à segunda revolução, que (2) deve transferir o poder de Estado das mãos do governo dos latifundiários e capitalistas (dos Gutchkov, dos Lvov, dos Miliúkov, dos Kérenski) para as mãos dos operários e dos camponeses mais pobres. (3) Este último governo deve organizar-se segundo o modelo dos sovietes de deputados operários e camponeses, isto é, (4) deve demolir e eliminar completamente a velha máquina do Estado, o Exército, a polícia, a burocracia (funcionalismo), comum a *todos os* Estados burgueses, substituindo essa máquina (5) por uma organização do povo armado que não seja apenas de massas, e sim universal. (6) *Apenas* tais governos, com "tal" composição de classe ("ditadura democrática do proletariado e do campesinato") e pelos seus órgãos de governo ("milícia proletária") *estão em condições* de resolver com êxito a *principal* tarefa do momento, uma tarefa extraordinariamente difícil e absolutamente inadiável: alcançar a *paz*; não uma paz imperialista sobre a partilha do butim pelos capitalistas e seus governos, e sim uma paz realmente sólida e democrática, que não pode ser alcançada sem a revolução proletária numa série de países. (7) Na Rússia, a vitória do proletariado *só* será possível no futuro mais próximo com a condição de que em seu primeiro passo os operários sejam apoiados pela imensa maioria do campesinato em sua luta pelo confisco de toda a propriedade latifundiária (e pela nacionalização de toda a terra, se considerarmos que o programa agrário dos "104" continua a ser, no fundo, o programa agrário do *campesinato*)*. (8) Ligados a essa revolução camponesa e nela baseados são possíveis e necessários outros passos do proletariado em aliança com a parte *mais pobre* do campesinato, passos que buscam o *controle* da produção e da distribuição dos produtos mais importantes, a introdução do "trabalho obrigatório geral" etc.

---

* O programa agrário dos "104" – projeto de lei de reforma agrária submetido pelos trudoviques e enviado à 13ª reunião da primeira Duma do Estado em 23 de maio (5 de junho) de 1906. A terra pertenceria a toda a população, e os latifúndios seriam autorizados apenas àqueles que os cultivassem com seu próprio trabalho. Os trudoviques defenderam a organização de um "fundo de terra nacional" que incluiria todas as terras do Estado, coroa, monastério e Igreja, além de parte das terras privadas, que seriam alienadas se o tamanho do conglomerado excedesse a medida estabelecida pelos comitês locais eleitos por sufrágio universal, direto e igual e por voto secreto. (N. E.)

Esses passos são ditados, de modo absolutamente inevitável, pelas condições que a guerra criou e que o pós-guerra tornará mais agudas em muitos aspectos. Em seu conjunto e em seu desenvolvimento, esses passos seriam a *transição para o socialismo*, que na Rússia é irrealizável diretamente, de um só golpe, sem medidas transitórias, mas é plenamente realizável e urgentemente necessária como resultado de medidas transitórias desse tipo. (9) A tarefa de organização imediata e especial de sovietes de deputados operários *no campo*, isto é, sovietes de operários *assalariados* agrícolas, *separados* dos sovietes dos outros deputados camponeses, apresenta-se como de extrema urgência.

Tal é, em resumo, o programa por nós delineado, baseado na consideração das forças de classe da Revolução Russa e mundial e também na experiência de 1871 e 1905.

Tentemos agora lançar um olhar geral a este programa no seu conjunto, detendo-nos de passagem no modo como esse tema foi tratado por K. Kautsky, o mais importante teórico da "Segunda" (1889-1914) Internacional e mais destacado representante da corrente, observada em todos os países, do "centro", do "pântano", que vacila entre os sociais-chauvinistas e os internacionalistas revolucionários. Kautsky abordou esse tema na sua revista *Die Neue Zeit*, número de 6 de abril de 1917, pelo novo calendário, no artigo "As perspectivas da Revolução Russa".

"Antes de tudo", escreve Kautsky, "devemos esclarecer para nós próprios as tarefas que se colocam ao regime (organização estatal) proletário revolucionário."

"Duas coisas", prossegue o autor, "são urgentemente necessárias ao proletariado: a democracia e o socialismo."

Essa tese absolutamente indiscutível é, infelizmente, apresentada por Kautsky numa forma excessivamente geral, de modo que, no fundo, ela nada dá nem esclarece. Miliúkov e Kérenski, membros do governo burguês e imperialista, subscreveriam de bom grado essa tese geral, um na sua primeira parte, o outro na segunda...*

Escrita em 26 de março (8 de abril) de 1917

---

* O manuscrito interrompe-se aqui. (N. E.)

TARIQ ALI é jornalista, escritor, historiador, cineasta e ativista político. Nascido em 1943 no Paquistão, atualmente vive na Inglaterra, onde colabora com diversos periódicos e é um dos editores da revista *New Left Review*. É especialista em política internacional e tem se destacado com análises sobre o Oriente Médio e a América Latina.

Lênin em manifestação do Primeiro de Maio na Praça Vermelha, Moscou, 1919.

OUTRAS PUBLICAÇÕES DA BOITEMPO

O ano I da Revolução Russa
VICTOR SERGE
Orelha de **Daniel Bensaïd**
Apresentação de **David Renton**

*As armas da crítica: antologia
do pensamento de esquerda*
EMIR SADER E IVANA JINKINGS (ORGS.)
Orelha de **Michael Löwy**

*Centelhas: marxismo e revolução
no século XXI*
DANIEL BENSAÏD E MICHAEL LÖWY
Orelha de **Isabel Loureiro**

*Comum: ensaios sobre a revolução
no século XXI*
CHRISTIAN LAVAL E PIERRE DARDOT
Orelha de **Eleutério Prado**

*Escritos de Outubro: os intelectuais
e a Revolução Russa (1917-1924)*
BRUNO GOMIDE (ORG.)
Orelha de **Tiago Pinheiro**
Quarta capa de **Martín Baña**

*Guerra e revolução: o mundo
um século após Outubro de 1917*
DOMENICO LOSURDO
Orelha de **Antonio Carlos Mazzeo**

O homem que amava os cachorros
LEONARDO PADURA
Prefácio de **Gilberto Maringoni**
Orelha de **Frei Betto**

Margem Esquerda 28 (Dossiê:
100 anos da Revolução Russa)

*Mulher, Estado e revolução:
política da família soviética e
da vida social entre 1917 e 1936*
WENDY GOLDMAN
Prefácio de **Diana Assunção**
Orelha de **Liliana Segnini**
Coedição: ISKRA

*Olga Benario Prestes: uma comunista
nos arquivos da Gestapo*
ANITA LEOCADIA PRESTES
Orelha de **Fernando Morais**

Outubro: história da Revolução Russa
CHINA MIÉVILLE
Orelha de **Mauro Iasi**

*Às portas da revolução:
escritos de Lenin de 1917*
SLAVOJ ŽIŽEK E VLADÍMIR LÊNIN
Orelha de **Emir Sader**

Reconstruindo Lênin
TAMÁS KRAUSZ
Orelha de **Valério Arcary**

A revolução das mulheres: emancipação feminina na Rússia soviética, v. 1: *artigos, atas panfletos, ensaios*
GRAZIELA SCHNEIDER URSO (ORG.)
Orelha de **Daniela Lima**
Quarta capa de **Wendy Goldman**

A Revolução de Outubro
LEON TRÓTSKI
Inclui artigo "Os sovietes em ação", de **John Reed**
Orelha de **Emir Sader**

Teoria geral do direito e marxismo
EVGUIÉNI B. PACHUKANIS
Apresentação de **Alysson Leandro Mascaro**
Prefácio de **Antonio Negri**
Posfácios de **China Miéville e Umberto Cerroni**

Trabalhadores, uni-vos!: antologia política da I Internacional
MARCELLO MUSTO (ORG.)
Orelha de **Paulo Barsotti**
Coedição: Fundação Perseu Abramo

BARRICADA
Laika (HQ)
NICK ABADZIS
Orelha de **Gilberto Maringoni**

BOITATÁ
O que eu vou ser quando crescer? (infantil)
VLADÍMIR MAIAKÓVSKI

O trem que transportou Lênin até a estação Finlândia,
em Petrogrado (atual São Petersburgo), era conduzido
pela locomotiva 293, mantida em exposição até hoje.

Publicado em setembro de 2017, ano que marcou o centenário do
desembarque de Lênin na Estação Finlândia, este livro foi composto
em Adobe Garamond, corpo 11/14,3, e reimpresso em papel Pólen
Natural 80 g/m² na gráfica Rettec, para a Boitempo, em maio de
2023, com tiragem de 2 mil exemplares.

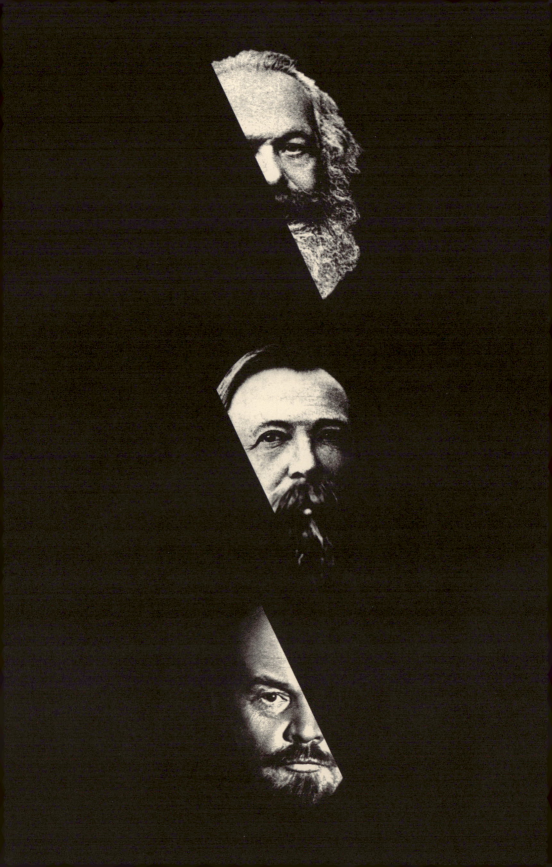